Philosophische Methoden

Reihe herausgegeben von Joachim Horvath, Bochum, Deutschland

Gregor Betz

Argumentationsanalyse

Eine Einführung

J. B. Metzler Verlag

Der Autor

Gregor Betz ist Professor für Wissenschaftsphilosophie am KIT (Karlsruher Institut für Technologie).

ISBN 978-3-476-05123-3
ISBN 978-3-476-05124-0 (eBook)
https://doi.org/10.1007/978-3-476-05124-0

Die Deutsche Nationalbibliothek verzeichnet diese Publikation in der Deutschen Nationalbibliografie; detaillierte bibliografische Daten sind im Internet über http://dnb.d-nb.de abrufbar.

J. B. Metzler
© Springer-Verlag GmbH Deutschland, ein Teil von Springer Nature, 2020

Umschlagabbildung: © Anita Ponne / shutterstock.com

J. B. Metzler ist ein Imprint der eingetragenen Gesellschaft Springer-Verlag GmbH, DE und ist ein Teil von Springer Nature
Die Anschrift der Gesellschaft ist: Heidelberger Platz 3, 14197 Berlin, Germany

Inhaltsverzeichnis

Einleitung

Argumente verständlich machen

Wir argumentieren. – Um uns oder andere von der Wahrheit einer Aussage zu überzeugen. Um zu begründen, dass *so* und nicht anders entschieden werden sollte. Um zu prüfen, ob unsere vielfältigen Meinungen zueinander passen. Um anderen die Widersprüchlichkeit ihrer Überzeugungen nachzuweisen. Um ein Argument zu stützen, eine These zu hinterfragen oder einen Einwand zu entkräften. Um auf eine bisher unberücksichtigte Konsequenz aufmerksam zu machen. Um eine Frage zu motivieren. Um ein Problem aufzuzeigen.

Häufig verstehen wir Argumente auf Anhieb. Manchmal hingegen geben uns Argumente mehr oder weniger große Rätsel auf – sei es weil die Überlegung im Eifer des Gesprächs nur kurz angedeutet wird, sei es weil der Gedanke unausgegoren ist, sei es weil man den Kontext, in dem das Argument steht, nicht überblickt, oder schlicht weil das Argument selbst komplex und voraussetzungsreich ist. Ob einfach oder nicht – der erste Eindruck kann hier täuschen. Verständlich erscheinende Argumente erweisen sich bei genauerer Betrachtung als knifflig und raffiniert; vordergründig vertrackte Argumente entpuppen sich als gradlinig und sind plötzlich ganz einfach zu verstehen.

Aber was heißt das eigentlich: ein Argument zu verstehen? Wann verstehe ich ein Argument? Und wie *mache* ich mir ein Argument, das ich nicht verstehe, verständlich?

Genau davon handelt dieses Lehrbuch. Hier wird vorgeführt, wie man sich Argumente verständlich macht, indem man sie logisch analysiert.

Wozu nützt es?

»Was bringt es mir, richtig zu argumentieren?« »Warum sollte ich mir die Argumente anderer mühsam verständlich machen?« »Wofür ist kritisches Denken überhaupt gut?«

Das sind legitime Fragen. Der Hongkonger Philosoph Joe Lau beantwortet sie mit sechs Gründen ganz unterschiedlicher Art (Lau 2020, Übers. aus dem Englischen GB):

Kritisches Denken ist eine universelle und grundlegende kognitive Kompetenz. Ganz gleich, welchen Weg man in seinem Leben einschlägt – die Fähigkeit, klar und vernünftig zu denken, ist dabei immer bedeutsam. Wenn Sie im Bildungswesen, in der Forschung, im Finanzsektor, im Management oder als Juristin bzw. Jurist tätig sein sollten, müssen Sie kritisch denken und argumentieren können. Doch argumentative Kompetenzen kommen keineswegs nur in einigen eng umgrenzten Themenfeldern zum Einsatz. Klar zu denken und Probleme lösen zu können, ist für jede berufliche Laufbahn von Wert.

Kritisches Denken ist sehr wichtig in der neuen digitalen Wirtschaft und der Wissensgesellschaft. Information und Technologie sind die Treibstoffe der globalen digitalen Wirtschaft. Um in ihr zu bestehen, muss man mit Veränderungen schnell und effektiv umgehen können. Die neue Wirtschaft stellt wachsende Anforderungen an flexible kognitive Kompetenzen sowie an die Fähigkeit, Informationen zu analysieren sowie unterschiedliche Wissensquellen bei der Problemlösung zu nutzen. Gutes kritisches Denken fördert solche kognitiven Kompetenzen und ist von immenser Bedeutung in einem sich ständig wandelnden Arbeitsumfeld.

Kritisches Denken verbessert Sprach- und Kommunikationskompetenzen. Klar und systematisch zu denken hilft uns, unsere Gedanken und Einfälle verständlich zu machen und gut zu präsentieren. Indem man übt, Texte logisch zu analysieren, verbessert man zudem sein allgemeines Sprachverständnis.

Kritisches Denken fördert Kreativität. Um mit einer kreativen Lösung für ein Problem aufzuwarten, genügt es nicht, einige neue Ideen zu haben. Es muss ferner der Fall sein, dass die neuen Ideen nützlich, umsetzbar und für die zu lösende Aufgabe einschlägig sind. Kritisches Denken spielt eine zentrale Rolle bei der Bewertung neuer Ideen: bei der Identifikation der vielversprechendsten Einfälle sowie bei deren anschließender Weiterentwicklung.

Kritisches Denken ist entscheidend für Selbstreflexion. Um ein sinnvolles Leben zu führen und unser Leben dementsprechend zu gestalten, müssen wir unsere Werte sowie unsere Entscheidungen begründen und reflektieren. Die Argumentationsanalyse stellt die Werkzeuge für eine solche Selbstbewertung bereit.

Gutes kritisches Denken ist die Grundlage von Wissenschaft und Demokratie. Wissenschaftliche Einsichten gewinnt man nur, indem man – sei es beim Experimentieren, sei es bei der Theorienwahl – kritisch argumentiert. Eine freiheitliche Demokratie wiederum erfordert, dass Bürgerinnen und Bürger kompetent über soziale Fragen nachdenken können, um sich eigenständig eine Meinung zu bilden und um Vorteile oder Fehleinschätzungen zu überwinden.

Die folgenden Beispiele untermauern die abstrakt gehaltenen Thesen von Lau und geben Hinweise, zu welch vielfältigen Zwecken sich Methoden und Ergebnisse der Argumentanalyse nutzbringend verwenden lassen.

Eindrucksvoll belegt wird die Universalität der Argumentanalyse durch umfangreiche Online-Archive wie KIALO (http://www.kialo.com) und RATIONALE (https://www.rationaleonline.com/browse/all), in denen inzwischen mehrere Tausend Argumentanalysen und -visualisierungen zu schier jedem Themenfeld abrufbar sind. Tim van Gelder, ein Pionier der software-gestützten Argumentanalyse, verdeutlicht das Potential der Argumentanalyse als Instrument der *strategischen Planung* an einer Fallstudie (van Gelder 2011). Ein jüngeres Beispiel dafür, wie sich durch Argumentanalyse heterogene, unsichere und teils widerstreitende Informationen ordnen lassen, um *Handlungsempfehlungen* zu generieren, sind die Arbeiten von Alexander Wanitschke am Reiner Lemoine Institut (https://reiner-lemoine-institut.de/ueber-300-argumente-zur-verkehrswende-in-interaktiver-karte-veroeffentlicht/). Die gemeinsame Arbeit von Sebastian Cacean und mir (Betz/Cacean 2012, S. 71 ff.) nutzt eine umfangreiche Argumentanalyse dazu, um Entscheidungsträger bei der *rationalen Meinungsbildung* in der Debatte über großtechnische Eingriffe in das Klimasystem zu unterstützen. Aufbauend auf diesen logischen Untersuchungen hat Stephanie Uther (2014) eine *empirische Diskursanalyse* der Climate Engineering-Debatte vorgenommen, in der Debattenverläufe und -schwerpunkte länderübergreifend verglichen werden. Das Projekt OpMAP greift auf die Ergebnisse einer Argumentanalyse der Ernährungskontroverse zurück, um eine anschauliche Visualisierung der *argumentativ-strukturierten Meinungslandschaft* zu erstellen (vgl. Betz/ Hamann/Mchedlidze/von Schmettow 2019 sowie https://opmap.github. io). Das Berliner Forum für Streitkultur wiederum nutzt Verfahren der Argumentanalyse im Kontext *politischer Bildung* und mit dem Ziel, die *Qualität öffentlicher Debatten* zu verbessern (vgl. insbesondere David Lanius' Analyse des AfD Wahlprogramms 2017, https://forum-streitkultur. de/wie-argumentieren-rechtspopulisten/). Ein mustergültiges Beispiel dafür, wie man vor dem Hintergrund logischer Analysen glasklare und messerscharf argumentierende Texte verfasst, ist Reinhard Merkels Beitrag »Rechte für Embryonen« (erschienen in *DIE ZEIT*, 25. Januar 2001). Gerade für Studierende kann es großen Nutzen bringen, Argumentanalysen für *die Gliederung und das Schreiben von Texten* zu verwenden – ganz praktische Hinweise dazu finden sich auf der Webseite zu diesem Buch (http://www.argumentationsanalyse.online). In der Philosophie, und dort vielleicht mehr als in jeder anderen Wissenschaft, gehört die logische Analyse von Argumenten zur methodischen Grundausrüstung. Holm Tetens' systematischer Kommentar zu Kants *Kritik der reinen Vernunft* führt vor Augen, wie mächtig die Argumentanalyse als systematische Interpretationsmethode ist (Tetens 2006). Für fachdidaktische Zwecke besonders wertvoll ist der Sammelband *Die 100 wichtigsten philosophischen Argumente* (Bruce/Barbone 2013).

Handapparat »Argumentationsanalyse«

Es gibt zahlreiche – berücksichtigt man die englischsprachige Literatur: unzählige – Lehrbücher der Argumentanalyse im weiteren Sinne. Methoden der Argumentanalyse werden etwa behandelt in Einführungen in die formale Logik, in Lehrbüchern der angewandten Logik und logischen Propädeutik, in argumentationstheoretischer Fachliteratur, in *Critical Thinking*-Lehrbüchern, in Lehrbüchern über geisteswissenschaftliche Methoden, in Rhetorikbüchern oder in Diskussionsratgebern. Unter all diesen Büchern finden sich viele ganz ausgezeichnete und uneingeschränkt empfehlenswerte (dazu gleich mehr). So drängt sich eine Frage auf: Warum also noch ein weiteres Buch, das die Methode der Argumentanalyse vorstellt?

Das Anliegen dieses Buches ist es, die Methode der Argumentanalyse nicht *vorzustellen*, sondern sie *vorzuführen*: Hier soll an umfangreichen, aus der argumentativen Praxis gegriffenen Beispielen Schritt für Schritt *vorgemacht* werden, wie man die Methode gewinnbringend anwendet. Ein grundlegendes Verständnis der Argumentanalyse und die Bereitschaft, begleitend zu diesem Buch – je nach Bedarf und Interesse – weitere Lehrbücher zu konsultieren, setze ich dabei voraus. Deshalb ist dieses Buch keinesfalls Ersatz, sondern eine Ergänzung der existierenden Literatur. Es findet seinen Platz in einer Bibliothek des vernünftigen Denkens – und da vielleicht in einem Handapparat »Argumentationsanalyse«. Welche weiteren Werke gehören zu diesem Handapparat? Ich sehe dort

- die folgenden, herausragenden Einführungen in die argumentative Textanalyse und die logische Rekonstruktion von Argumenten: Feldman (2014), Bowell/Kemp (2014), Brun/Hirsch-Hadorn (2014);
- zwei bis drei Lehrbücher, die in die formale Logik mit Blick auf deren Anwendung einführen, z. B. Salmon (1983) und Hoyningen-Huene (1998);
- die griffigen und einfach verständlichen *Werkzeuge des Philosophierens* von Pfister (2013), gepaart mit der vergleichsweise voraussetzungsreichen logisch-semantischen Propädeutik von Tugendhat/Wolf (1983), die die sprachphilosophischen Grundlagen der logischen Analyse erläutert;
- je nach fachlichem Interesse weitere Werke, die in die themenspezifischen Besonderheiten des Argumentierens einführen, z. B. *Philosophisches Argumentieren* (Tetens 2004), *Theorie der juristischen Argumentation* (Alexy 1983), *The Argumentative Turn in Policy Analysis* (Hansson/Hirsch-Hadorn 2016), *Einführung in die Wissenschaftstheorie* (Schurz 2008).

Verstehen Sie mich nicht falsch: Sie müssen diese Werke nicht durcharbeiten, bevor Sie hier weiterlesen. Aber Sie sollten bereit sein, in jenen Büchern immer dann nachzuschlagen und weiterzulesen, wenn ich Ihnen im Folgenden eine Antwort oder eine Erklärung schuldig bleibe.

Vormachen, Mitmachen, Weitermachen, Nachmachen

Wer eine Kinovorstellung besucht oder eine Konzertaufführung hört, darf sich setzen, zurücklehnen und Film oder Musik auf sich wirken lassen. Auch in dieser Hinsicht handelt es sich bei diesem Buch nicht um eine *Vorstellung* der Methode der Argumentanalyse. Es ist als Arbeitsbuch konzipiert, das Ihnen dabei helfen kann, die Fertigkeit, Argumente zu analysieren, zu erwerben. Aber das klappt nicht ohne Ihr eigenes Zutun. Das Buch führt es vor, das Buch macht es vor. – Und dann sind Sie dran: Sie machen dabei mit, Sie machen es weiter und Sie machen es nach.

Vorschläge zum Mitmachen: Lesen Sie das Buch nicht ›einfach so runter‹. Besorgen Sie sich die Texte, die im Buch analysiert werden (s. u.), und versuchen Sie zu allererst selbst, anhand sorgfältiger Lektüre, die dortige Argumentation nachzuvollziehen. Steigen Sie erst anschließend in das jeweilige Kapitel ein. Unterbrechen Sie die Lektüre regelmäßig, um den erreichten Zwischenstand in eigenen Worten zusammenzufassen, um nachzuhaken und Einspruch zu erheben. Überlegen Sie sich, wie es weitergehen könnte, und versuchen Sie selbst, die jeweils nächsten Analyseschritte durchzuführen. Lesen Sie parallel andere Bücher aus dem Handapparat.

Vorschläge zum Weitermachen: Jedes Kapitel schließt mit weiterführenden Fragen. Nehmen Sie sich Zeit, um diese zu durchdenken. Häufig müssen Sie dafür die Analyse des Kapitels eigenständig fortsetzen. Suchen Sie sich Mitstreiter und Mitstreiterinnen, um Ihre Antworten zu diskutieren. Denken Sie sich eigene, weiterführende Fragen aus und stellen Sie sich diese gegenseitig.

Vorschläge zum Nachmachen: Suchen Sie sich Texte aus Ihrem Arbeits- oder Interessensgebiet und rekonstruieren Sie die Argumentation, indem Sie das Vorgehen dieses Buches nachahmen. Dabei werden Sie in Situationen geraten, in denen Sie nicht weiter wissen. Überlegen Sie dann, an welchen Stellen wir in diesem Buch vor ähnlichen Problemen standen, und versuchen Sie, die entsprechende Lösung zu kopieren. Je mehr Argumente Sie analysieren und rekonstruieren, umso einfacher wird es Ihnen fallen, Interpretationsprobleme souverän und eigenständig zu lösen.

Die Webseite zum Buch (http://www.argumentationsanalyse.online) stellt Begleitmaterial in elektronischer Form zur Verfügung und macht es Ihnen leichter, mit dem Buch zu arbeiten. Dort finden Sie insbesondere Hinweise zur ARGDOWN-Syntax (vgl. auch http://www.argdown.org), die hier verwendet wird, um Argumentrekonstruktionen darzustellen.

Aufbau des Buches und Zusammenfassung der Kapitel

In Kapitel 1 analysieren wir eine Pro-Kontra-Liste zum Thema staatliche Zensur. Dabei gehen wir wie folgt vor: Erstens klären wir, wie genau die These lautet, für bzw. gegen die die Gründe der Pro-Kontra-Liste sprechen (1.1). Sogar bei einer scheinbar einfachen Pro-Kontra-Liste kann es ziemlich schwierig sein, diese Frage zu beantworten. Anschließend werfen wir, zweitens, einen ersten Blick auf die Gründe in der Pro-Kontra-Liste und überprüfen, ob es sich um Gründe für/gegen die zentrale These, oder vielmehr um Gründe für/gegen andere Gründe handelt (1.2). So überführen wir die Pro-Kontra-Liste in eine »Gründe-Hierarchie«. Drittens präzisieren wir die einzelnen Gründe, indem wir unterscheiden (a) welche Aussage (Konklusion) jeweils begründet wird und (b) welche Aussagen (Prämissen) in die Begründung dieser Konklusion eingehen (1.3). Aus Gründen werden so Argumente. Die in Schritt 2 skizzierten Pro- und Kontra-Beziehungen können wir dann überprüfen und korrigieren. Schließlich untersuchen wir anhand einer detaillierten logischen Analyse, viertens, ob die Konklusionen tatsächlich aus den in Schritt 3 identifizierten Prämissen des jeweiligen Arguments folgen und modifizieren unsere Analyse ggf. entsprechend (1.4).

Wenn man Argumente analysiert, versucht man sich einen Text verständlich zu machen. Eine Argumentrekonstruktion ist ein Interpretationsvorschlag, den man in einem iterativen Trial-And-Error-Verfahren gewinnt. Im Laufe der Argumentanalyse trifft man immer wieder Interpretationsentscheidungen, die sich rückblickend als ungeeignet erweisen – dann geht man bis zu diesen Entscheidungen zurück, korrigiert sie und setzt die Analyse erneut von dort fort. Dieses Lehrbuch zeichnet solche zum Teil verworrenen Interpretationswege mit ihren Sackgassen und Umwegen nach. Geduld und Ausdauer sind daher erforderlich, um Argumente zu analysieren, und das gilt in gewisser Weise auch für die Lektüre dieses Buches, in dem Argumentanalysen *vorgeführt* werden.

In Kapitel 2 analysieren wir John Stuart Mills Verteidigung der Meinungs- und Diskussionsfreiheit in *Über die Freiheit* (Mill 2014). Wir wenden dabei die in Kapitel 1 vorgeführten Techniken an, legen aber ein Augenmerk auf die besonderen Schwierigkeiten, die sich bei der Analyse umfangreicher Texte ergeben. Erstens fertigen wir eine argumentative Inhaltsangabe des gesamten Textes an und zeigen, welche zentralen Interpretationsfragen sich bereits dabei stellen und beantworten lassen (2.1 und 2.2). Zweitens zeigen wir, wie sich eine umfangreiche argumentative Textpassage (a) als dialektische Argumentation, die aus vielen ineinandergreifenden Argumenten besteht, und (b) als dialektische Entwicklung eines einzigen zentralen Arguments deuten und rekonstruieren lässt (2.3). Drittens schließlich fragen wir nach der argumentativen Funktion von Beispielen in Mills Argumentation (2.4). Dazu rekonstruieren wir einen Schluss auf die beste Erklärung und spielen dabei verschiedene Interpretationsszenarien durch (2.5).

In Kapitel 3 analysieren wir das wegweisende Lüth-Urteil des Bundesverfassungsgerichts, mit dem die Wirkung der Grundrechte in unserem Rechtssystem deutlich ausgeweitet wurde. Während wir in den Kapiteln 1 und 2 immer nur Textausschnitte analysieren, rekonstruieren wir die Urteilsbegründung des Bundesverfassungsgerichts in Kapitel 3 (nahezu) vollständig. Aufgrund der verwendeten Fachsprache, der rechtlichen Hintergrundannahmen und der Komplexität der Argumente ist diese Rekonstruktionsaufgabe ungleich schwieriger als die Analysen der vorherigen Kapitel. Kapitel 3 gliedert sich dabei wie folgt: Erstens erstellen wir eine argumentative Übersicht der Urteilsbegründung, klären die zentrale These und entwickeln eine erste Rekonstruktion des zentralen Arguments (3.1). Die Berücksichtigung weiterer Textpassagen und Grundsätze des Urteils veranlasst uns indes, zweitens, die erste Rekonstruktion zu verwerfen und eine neue Rekonstruktion des zentralen Begründungsstranges zu entwickeln (3.2). Im Weiteren rekonstruieren wir Abschnitt für Abschnitt der Urteilsbegründung, das Kapitel gliedert sich analog (3.3–3.6). Mit jedem weiteren Abschnitt, den wir dabei hinzuziehen, rekonstruieren wir nicht nur neue Argumente, sondern überarbeiten und präzisieren auch die zentrale Argumentation. Viel deutlicher noch als in den vorherigen Kapiteln wird sich dabei zeigen, wie sich die Rekonstruktion eines Arguments im Wechselspiel mit der Analyse anderer Argumente immer weiter verbessern lässt. Die Ergebnisse der umfangreichen Analyse fassen wir abschließend zusammen (3.7).

Literatur

Alexy, Robert. 1983. *Theorie der juristischen Argumentation*. Frankfurt a. M.: Suhrkamp.

Betz, Gregor/Cacean, Sebastian. 2012. *Ethical Aspects of Climate Engineering*. Karlsruhe: KIT Scientific Publishing.

Betz, Gregor/Hamann, Michael/Mchedlidze, Tamara/Schmettow, Sophie von. 2019. »Applying argumentation to structure and visualize multi-dimensional opinion spaces«. *Argument & Computation* 10/1: 23–40.

Bowell, Tracey/Kemp, Gary. 2014. *Critical Thinking: A Concise Guide*. 4. Aufl. London: Routledge.

Bruce, Michael/Barbone, Stephen. 2013. *Die 100 wichtigsten philosophischen Argumente*. Darmstadt: Wissenschaftliche Buchgesellschaft (WBG).

Brun, Georg/Hirsch-Hadorn, Gertrude. 2014. *Textanalyse in den Wissenschaften: Inhalte und Argumente analysieren und verstehen*. 2. Aufl. Zürich: vdf Hochschulverlag.

Feldman, Richard. 2014. *Reason and Argument*. Harlow: Pearson.

Hansson, Sven Ove/Hirsch-Hadorn, Gertrude (Hg.). 2016. *The Argumentative Turn in Policy Analysis. Reasoning about Uncertainty*. Cham: Springer.

Hoyningen-Huene, Paul. 1998. *Formale Logik*. Stuttgart: Reclam.

Lau, Joe. 2020. Critical Thinking Web. In: https://philosophy.hku.hk/think/critical/ct.php (Februar 2020).

Mill, John Stuart. 2014. *Ausgewählte Werke*, Bd. III: *Freiheit, Fortschritt und die Aufgaben des Staates, Teil 1: Individuum, Moral und Gesellschaft*. Hg. von Michael Schefczyk und Christoph Schmidt-Petri. Hamburg: Murmann-Verlag.

Pfister, Jonas. 2013. *Werkzeuge des Philosophierens*. Stuttgart: Reclam.

Salmon, Wesley C. 1983. *Logik*. Stuttgart: Reclam.

Schurz, Gerhard. 2008. *Einführung in die Wissenschaftstheorie*. 2., durchges. Aufl. Darmstadt: Wissenschaftliche Buchgesellschaft (WBG).

Tetens, Holm. 2004. *Philosophisches Argumentieren*. München: Beck.

Tetens, Holm. 2006. *Kants »Kritik der reinen Vernunft«: ein systematischer Kommentar*. Stuttgart: Reclam.

Tugendhat, Ernst/Wolf, Ursula. 1983. *Logisch-semantische Propädeutik*. Stuttgart: Reclam.

Uther, Stephanie. 2014. *Diskurse des Climate Engineering. Argumente, Akteure und Koalitionen in Deutschland und Großbritannien*. Heidelberg: Springer VS.

van Gelder, Tim. 2011. Argument mapping in strategic planning. In: https://timvangelder.com/2011/07/11/argument-mapping-in-strategic-planning/ (Februar 2020).

1 Die vier grundlegenden Arbeitsschritte: Von der Pro-Kontra-Liste bis zur logischen Detailrekonstruktion

Pros and Cons – A Debater's Handbook fasst öffentliche Debatten in Form von kurzen Pro-Kontra-Listen zusammen. Das Handbuch ist erstmals 1896 bei Routledge in London erschienen und seitdem vielfach überarbeitet worden. Die 18. Auflage (Sather 1999) führt unter dem Titel »Staatliche Zensur« folgende Gründe – für und wider – an:

[Pro1] Freie Meinungsäußerung ist niemals ein absolutes Recht, sondern ein erstrebenswertes Ziel. Sie hört auf, ein Recht zu sein, wenn wegen ihr andere Personen Schaden nehmen – wir alle anerkennen beispielsweise die Bedeutung der Gesetzgebung gegen Volksverhetzung. Deshalb ist es nicht der Fall, dass Zensur prinzipiell falsch ist.

[Con1] Zensur ist prinzipiell falsch. Wie heftig wir auch dem Standpunkt oder den Äußerungen einer Person widersprechen mögen, in einer zivilisierten Gesellschaft muss sie frei sein, sich so zu äußern. Zensur, wie etwa die Gesetzgebung gegen Volksverhetzung, treibt Rassisten und andere nur in den Untergrund, so dass dieser Teil unserer Gemeinschaft ghettoisiert wird und sich verschanzt, anstatt dass seine Mitglieder in eine offene und vernünftige Debatte einbezogen werden.

[Pro2] Bestimmte Literaturformen oder visuelle Darstellungen sind auf überzeugende Weise mit Kriminalität in Verbindung gebracht worden. Es ist nachgewiesen (besonders durch Studien in den USA), dass exzessiver Sex und Gewalt in Film und Fernsehen eine Tendenz zu ähnlichem Verhalten seitens der Zuschauer befördern. Dafür gibt es keine Entschuldigung und derartige Bilder müssen preisgegeben werden, ganz gleich von welchem künstlerischen Wert sie sein mögen.

[Con2] Tatsächlich ist der Zusammenhang zwischen Sex und Gewalt auf der Mattscheibe und im echten Leben alles andere als klar. Aus einem anderen Blickwinkel betrachtet ist es so, dass die Personen, die *bereits eine Tendenz* zu Gewalt haben, sehr wahrscheinlich auch gewalttätige Horrorfilme schauen. Die zwei Dinge hängen daher zusammen, aber die Persönlichkeit des Individuums bildet sich zuerst.

[Pro3] Wir akzeptieren auch staatliche Zensur im Kontext der Altersfreigaben für Filme, Videos und einige Computerspiele, so dass Kinder unterhalb eines bestimmten Alters nicht unangemessenen Sex- und Gewaltszenen ausgesetzt sind. Wir sollten den Staat, als unseren moralischen Wächter, mit der Regulierung derartigen Materials – sowie weiterer im Internet verfügbarer Inhalte – betrauen, um einen konsistenten Schutz all unserer Kinder zu gewährleisten. Sex und Gewalt in Zeitschriften und im Fernsehen sollten für Kinder so unzugänglich wie möglich sein – pornographische Zeitschriften dürfen nur unter Vorweis eines Ausweises an Erwachsene verkauft werden, und Sexfilme sollten nur spät abends im Fernsehen laufen.

J. B. Metzler © Springer-Verlag GmbH Deutschland, ein Teil von Springer Nature, 2020
G. Betz, *Argumentationsanalyse*, https://doi.org/10.1007/978-3-476-05124-0_1

[Con3] Derartige Formen staatlicher Regulierung sind notorisch wirkungslos. Kinder jedweden Alters haben Zugang zu Videos, Spielen und Onlineinhalten mit »Altersfreigabe 18«, wenn sie es wirklich wollen. Letztendlich kann und muss der einzig effektive Schutz der Kinder vor unangemessenen Inhalten von den Eltern kommen. Und dieser Schutz ist keine staatliche Zensur, sondern basiert auf individueller Wahl und Kontrolle der Eltern. Dort gehören solche Entscheidungen hin.

[Pro4] Wir benötigen staatliche Zensur insbesondere im Kontext von Kinder- und Hardcore-Pornographie. Kinder sowie junge Frauen und Männer müssen vor der Ausbeutung durch Pornographen geschützt werden. Und die Gesellschaft als Ganzes sollte vor den schäbigen, ungesunden, unterdrückerischen und objektifizierenden Einstellungen zu Frauen und Sex geschützt werden, die von der Pornographie aufrechterhalten werden.

[Con4] Nochmals: Leute werden Pornographie in die Hände bekommen, sodenn sie es wollen. Zensur wird die Anzahl derer, die Pornographie nutzen, nicht verändern. Es ist Aufgabe der Eltern und der Gemeinschaft, Kinder so zu erziehen, dass sie gesunde Einstellungen haben – und es ist nicht Aufgabe des Staates, unwirksame Gesetzgebung darüber zu erlassen, welche Arten von Fotos veröffentlicht werden dürfen. Letztendlich werden pornographische Bilder und Filme keinen wirklich schädlichen Einfluss auf einen ausgeglichenen Geist haben. Pornographie hat nur auf diejenigen einen heimtückischen Einfluss, die ohnehin aus anderen Gründen unausgeglichen sind. Der Verweis auf Kinderpornographie führt hier in die Irre – denn Kinderpornographie ist bereits gesetzlich untersagt und wir benötigen keine weiteren Zensurgesetze, um sie zu bekämpfen.

[Pro5] Wir benötigen staatliche Zensur, um öffentliche Personen vor inakzeptablen Einmischungen durch die Regenbogenpresse zu schützen. Gesetzgebung zum Schutz der Privatsphäre wäre ein gutes Beispiel für zulässige Zensur. Gerichte können bereits Verfügungen erlassen, mit denen Zeitungen die Veröffentlichung von Inhalten, von denen eine Gefahr für ein Individuum ausgeht (wie zum Beispiel der Aufenthaltsort eines mutmaßlichen Pädophilen oder eines Kriminellen, der aus dem Gefängnis entlassen wurde), untersagt wird.

[Con5] Grundsätzlich sollten Zeitungen nicht auf diese Weise »geknebelt« werden. Wenn ein Mob entschieden ist, den Aufenthaltsort eines Kriminellen ausfindig zu machen, wird ihm das auch ohne Hilfe der Presse gelingen, solange das fragliche Individuum keinen Schutz oder eine neue Identität von der Polizei erhält. Bezüglich der Privatsphäre: öffentliche Personen akzeptieren, dass ihr Leben öffentliches Eigentum wird, wenn sie die öffentliche Bühne betreten. Außerdem können sie rechtliche Schritte wegen Verleumdung oder Diffamierung einleiten. Die entsprechenden Gesetze, gemeinsam mit Selbstregulierung, und nicht staatliche Zensur, sind der richtige Weg, die Medien zu regulieren.

Was halten Sie davon? – Vielleicht stimmen Sie einigen Äußerungen zu: »Ja, so ist es.« »Genau, sehe ich auch so.« Vielleicht lehnen Sie andere Gedanken mehr oder weniger entschieden ab: »Das kann man so nicht stehen lassen.« »Das ist völlig unbegründet.« »Das entspricht nicht den Tatsachen.« »Empörend!« Der Text hat jedenfalls das Zeug, Ausgangspunkt einer lebhaften inhaltlichen Diskussion darüber zu sein, welche der Gründe akzeptabel sind und was man insgesamt von staatlicher Zensur zu halten hat.

In eine solche Diskussion über die Akzeptabilität von Gründen steigt man indes *nicht* ein, wenn man eine Argumentanalyse erstellt. Zustimmung, Widerspruch und Kritik lässt man dann nämlich vorläufig ruhen. Stattdessen tritt man einen großen Schritt zurück und wird vom lesenden Mitstreiter (einem Proponenten oder Opponenten im Geiste) zu einer Beobachterin der Debatte, die zunächst versucht, nüchtern zu verstehen, was genau eigentlich zur Diskussion steht und wie die verschiedenen Argumente verlaufen sowie ineinandergreifen.

<table>
<tr><td>
Erster Schritt: Verstehen einer Argumentation
Zweiter Schritt: Kritische Meinungsbildung und Fortführung der Debatte
</td><td>Maxime</td></tr>
</table>

Wir treten jetzt einen Schritt zurück und versuchen uns, peu à peu, die Argumentation der Pro-Kontra-Liste verständlich zu machen. Dabei gehen wir wie folgt vor: Erstens klären wir, wie genau die These lautet, für bzw. gegen die die Gründe der Pro-Kontra-Liste sprechen (Abschnitt 1.1). Sogar bei einer scheinbar transparenten Pro-Kontra-Liste kann es ziemlich schwierig sein, diese Frage zu beantworten. Anschließend werfen wir, zweitens, einen Blick auf die Gründe der Pro-Kontra-Liste und überprüfen, ob es sich um Gründe für/gegen die zentrale These, oder vielmehr um Gründe für/gegen andere Gründe handelt (Abschnitt 1.2). So überführen wir die Pro-Kontra-Liste in eine »Gründehierarchie«. Drittens präzisieren wir die einzelnen Gründe, indem wir unterscheiden (a) welche Aussage jeweils begründet wird und (b) welche Aussagen in die Begründung eingehen (Abschnitt 1.3). Aus Gründen werden so Argumente mit Prämissen und Konklusion. Die in 1.2 skizzierten Pro- und Kontra-Beziehungen können wir dadurch überprüfen und korrigieren. Schließlich untersuchen wir anhand einer detaillierten logischen Analyse, viertens, ob die Konklusionen der Argumente tatsächlich aus den in 1.3 identifizierten Prämissen des jeweiligen Arguments folgen und modifizieren unsere Analyse ggf. entsprechend (Abschnitt 1.4).

1.1 | Zentrale Thesen auffinden, präzisieren und unterscheiden

In groben Zügen und sehr nah an der vorgegebenen Struktur des Textes im *Debater's Handbook* bleibend lässt sich die Argumentation wie folgt skizzieren:

```
[Staatliche Zensur]
    + <Pro1>: ...
    – <Con1>: ...
    + <Pro2>: ...
    – <Con2>: ...
    + <Pro3>: ...
    – <Con3>: ...
    + <Pro4>: ...
    – <Con4>: ...
    + <Pro5>: ...
    – <Con5>: ...
```

Tafel 1.1

Es gibt jeweils fünf Gründe für und gegen die zentrale These. Aber ... wie genau lautet eigentlich die zentrale These? »Staatliche Zensur« ist bloß ein Schlagwort und keine Aussage, die wahr oder falsch ist. Begründen und entkräften, zustimmen und ablehnen kann man aber nur Aussagen.

Zum Begriff

> **Aussagen** sind Sätze, die entweder wahr oder falsch sind. Fragesätze und Befehlssätze sind keine Aussagen.
> Für das klare Denken ist es elementar, in Bezug auf eine Aussage p folgende Sachverhalte zu unterscheiden:
> 1. Die Aussage p ist wahr/falsch.
> 2. Jemand ist der Überzeugung, dass die Aussage p wahr/falsch ist. Es lässt sich feststellen, dass die Aussage p wahr/falsch ist. Es besteht wissenschaftliche Unsicherheit darüber, ob die Aussage p wahr oder falsch ist ...

Der Text gibt zwar keine eindeutige Auskunft dazu, wie genau die zentrale These, um die gestritten wird, lautet. Die verschiedenen Pro- und Kontra-Gründe enthalten aber zahlreiche, teils sehr deutliche Hinweise dazu, wofür bzw. wogegen sie sprechen. Folgende zentrale Thesen lassen sich daher aus dem Text gewinnen:

Tafel 1.2

```
[Keine absolute Meinungsfreiheit]: Freie Meinungsäußerung
ist niemals ein absolutes Recht.
    /*Vgl. [Pro1]*/
[Zensur nicht prinzipiell falsch]: Es ist nicht der Fall,
dass Zensur prinzipiell falsch ist.
    /*Vgl. [Pro1] und [Con1]*/
[Zensur benötigt]: In einigen Fällen benötigen wir Zensur.
    /*Vgl. [Pro2], [Pro3], [Pro4], [Pro5]*/
```

Zwei der so formulierten Thesen sind Negationen (Form: »Es ist nicht der Fall, dass p«). In aller Regel ist es jedoch vorteilhafter, da transparenter, nicht-negierte Aussagen als zentrale Thesen einer Argumentation zu setzen. Eine weitere Modifikation der Thesen besteht darin, explizit zu machen, dass es hier um *staatliche* Zensur geht. Und die dritte These, schließlich, lässt sich zuspitzen zu der Behauptung, dass Zensur in einigen Fällen *geboten* ist.

Tafel 1.3

```
[Absolute Meinungsfreiheit]: Freie Meinungsäußerung ist ein
absolutes Recht.
    /*Vgl. [Pro1]*/
[Zensurverbot]: Staatliche Zensur ist prinzipiell falsch.
    /*Vgl. [Pro1] und [Con1]*/
[Zensurgebot]: In einigen Fällen ist staatliche Zensur ge-
boten.
    /*Vgl. [Pro2], [Pro3], [Pro4], [Pro5]*/
```

Doch auch mit diesen Reformulierungen ist nicht restlos klar, was die Thesen eigentlich besagen. In Bezug auf [Absolute Meinungsfreiheit] lässt sich etwa fragen: Ist hier von moralischen Rechten oder von Rechten, die in einem Rechtssystem gelten – oder gelten *sollten* – die Rede? Wird behauptet, dass es sich um ein Grundrecht handelt, das abwägbar ist, oder wird stärker behauptet, dass jede Form der Verletzung dieses Rechts falsch ist?

[Meinungsfreiheit-1]: Jeder Mensch besitzt ein Grundrecht auf freie Meinungsäußerung, das nur mit anderen Grundrechten abgewogen werden darf.

[Meinungsfreiheit-2]: Jede Handlung, die dazu führt, dass ein Mensch daran gehindert wird, seine Meinung frei zu äußern, ist moralisch falsch.

[Meinungsfreiheit-3]: Das Recht auf freie Meinungsäußerung sollte ein in der Verfassung verbürgtes und jederzeit individuell einklagbares Grundrecht sein.

Tafel 1.4

Diese unterschiedlichen Aussagen deuten nur exemplarisch die vielen Differenzierungen an, die man bei der weiteren Präzisierung der ersten These vornehmen kann.

In Bezug auf die Thesen zur staatlichen Zensur ist zu beachten, dass »staatliche Zensur« ein in hohem Maße *mehrdeutiger* Begriff ist. Unter »staatlicher Zensur« kann man z. B. verstehen:

- *Zensur-1:* jede Form staatlichen (d. h. gesetzgebenden, rechtssprechenden oder exekutiven) Handelns, das in der Folge Personen daran hindert, frei ihre Meinung zu äußern; oder
- *Zensur-2:* jede Gesetzgebung, die bestimmte Formen der Meinungsäußerung und -wiedergabe untersagt und sanktioniert; oder
- *Zensur-3:* jede regulatorische und institutionelle Gestaltung der Rahmenbedingungen, unter denen öffentliche Medien Informationen verbreiten.

Dass es sich hierbei um verschiedene Begriffe handelt, erkennt man daran, dass es Maßnahmen gibt, die unter den einen, nicht aber unter den anderen Begriff fallen.

Dementsprechend ergeben sich weitere Thesendifferenzierungen, u. a.:

[Zensurverbot-1]: Staatliche Zensur-1 ist prinzipiell falsch.
[Zensurverbot-2]: Staatliche Zensur-2 ist prinzipiell falsch.
[Zensurgebot-1]: In einigen Fällen ist staatliche Zensur-1 geboten.
[Zensurgebot-2]: In einigen Fällen ist staatliche Zensur-2 geboten.

Tafel 1.5

Wir unterscheiden. Wir präzisieren. Wir reformulieren. Dabei lässt sich beobachten, dass wir uns mehr oder weniger stark vom Text lösen. Das ist eine für die Argumentanalyse charakteristische Bewegung. Einen Argumentationsgang klären und verständlich(er) machen kann man nur dann, wenn man nicht an den Formulierungen des Textes klebt und sich von der vorgefundenen Struktur des Textes befreit.

<table>
<tr><td>Zum Begriff</td><td>

Aussagen können in verschiedenen inferentiellen, d. h. logisch-begrifflichen Beziehungen zueinander stehen. Die wichtigsten inferentiellen Zusammenhänge, die zwischen zwei Aussagen bestehen können, sind:
Aussage A ist äquivalent mit Aussage B: Es ist logisch-begrifflich notwendig, dass die eine Aussage dann und nur dann wahr ist, wenn die andere Aussage wahr ist. In diesem Fall sind die Aussagen (extensional) gleichbedeutend.
Aussage A impliziert Aussage B: Es ist logisch-begrifflich notwendig, dass wenn die Aussage A wahr ist, dann auch die Aussage B wahr ist. In diesem Fall ist Aussage A (logisch-begrifflich) hinreichend für Aussage B, und Aussage B ist umgekehrt (logisch-begrifflich) notwendig für Aussage A.
Aussage A steht in kontradiktorischem Gegensatz zu Aussage B: Es ist logisch-begrifflich notwendig, dass genau eine der Aussagen wahr und die andere falsch ist.
Aussage A steht in konträrem Gegensatz zu Aussage B: Es ist logisch-begrifflich unmöglich, dass beide Aussagen zugleich wahr sind.

</td></tr>
</table>

Zwischen den bisher präzisierten Thesen bestehen *inferentielle Abhängigkeiten*, sie hängen logisch-begrifflich zusammen. In der ersten Lesart ist staatliche Zensur (*Zensur-1*) eine spezielle Form des Handelns, die unter das zweite Prinzip der Meinungsfreiheit fällt. [Zensurverbot-1] ist folglich ein Spezialfall von [Meinungsfreiheit-2].

Tafel 1.6

```
[Zensurverbot-1]: Jede Form staatlichen (d.h. gesetzgeben-
den, rechtsprechenden oder exekutiven) Handelns, das in
der Folge Personen daran hindert, frei ihre Meinung zu äu-
ßern, ist prinzipiell falsch.
    <+ [Meinungsfreiheit-2]: Jede Handlung, die dazu führt,
       dass ein Mensch daran gehindert wird, seine Meinung
       frei zu äußern, ist moralisch falsch.
```

Außerdem stehen die Thesen [Zensurverbot] und [Zensurgebot] in einem konträren (aber nicht kontradiktorischen) Gegensatz zueinander – solange man unter »Zensur« dabei jeweils dasselbe versteht. Denn etwas, was geboten ist, kann nicht zugleich verboten sein (aber einiges ist weder ge- noch verboten).

Tafel 1.7

```
[Zensurverbot-1]
    <- [Zensurgebot-1]
[Zensurverbot-2]
    <- [Zensurgebot-2]
```

Schließlich umfasst der Zensurbegriff in der ersten Lesart den Zensurbegriff in der zweiten Lesart (unter der Annahme, dass einige Personen
durch Gesetzgebung daran gehindert werden, das gesetzlich Verbotene
zu tun). Alles, was *Zensur-2* ist, ist auch *Zensur-1*. Für die entsprechenden Ge- und Verbote bedeutet das aber:

```
[Zensurverbot-1]
   +> [Zensurverbot-2]
[Zensurgebot-1]
   <+ [Zensurgebot-2]
```

Tafel 1.8

Aus den bisher genannten inferentiellen Beziehungen ergeben sich weitere Zusammenhänge (die wir, da sie ableitbar sind, nicht zusätzlich notieren müssen). Zum Beispiel steht [Meinungsfreiheit-2] in einem
konträren Gegensatz zu [Zensurgebot-2].

Um sich zu verdeutlichen, welche inferentiellen Zusammenhänge zwischen Aussagen bestehen, ist es häufig erforderlich, ihre **logisch-semantische Form** transparent zu machen. Im ersten Schritt werden dazu die
Aussagen durch geeignete Paraphrase so formuliert, dass ihre logische
Struktur deutlich wird; im zweiten Schritt kann dann die logische Form
durch Verwendung von Platzhaltern angegeben werden (vgl. Tugendhat/
Wolf 1983, 44 ff.; Bowell/Kemp 2014, 123 ff.).

Logisch-
semantische
Analyse

```
[Meinungsfreiheit-2]: Jede Handlung der Art MU ist verboten.
[Zensurverbot-1]: Jede Handlung der Art SZ1 ist verboten.
[Zensurverbot-2]: Jede Handlung der Art SZ2 ist verboten.
[Zensurgebot-1]: Es gibt Handlungen der Art SZ1, die geboten
sind.
[Zensurgebot-2]: Es gibt Handlungen der Art SZ2, die geboten
sind.
```

Wenn wir nun ferner als begrifflich-wahre Hintergrundannahmen unterstellen, dass jede Handlung der Art SZ2 eine Handlung der Art SZ1 ist und
dass jede Handlung der Art SZ2 eine Handlung der Art MU ist, dann ergeben sich die im Text notierten inferentiellen Beziehungen aus einfachen
prädikatenlogischen (die Logik von »Alle« und »Einige« betreffenden)
und deontischen (die Logik von Ge- und Verboten betreffenden) Zusammenhängen.

Es zeigt sich ob der vielen Thesendifferenzierungen, dass die Analyse
schnell kompliziert wird, und zwar noch bevor wir überhaupt irgend-
welche Argumente betrachtet haben. Wie geht man mit dieser Komplexität um? Völlig ausgeschlossen ist es, alle möglichen Interpretationen der
zentralen Thesen in ein und derselben Argumentanalyse zu berücksichtigen. Gleichermaßen ausgeschlossen ist es, nacheinander jede denkbare
Präzisierung einer jeweils neuen und eigenen Analyse des Gesamttextes
zu Grunde zu legen. Der Interpretationsspielraum hinsichtlich der zen-

tralen Thesen lässt sich nicht lückenlos explorieren. Als Argumentanalystin muss man *festlegen*, welche der Thesen zentrale Anknüpfungspunkte der zu rekonstruierenden Argumentation sind. Dabei kann man selbstverständlich nicht nur eine, sondern mehrere Thesen wählen, die möglicherweise sogar inferentiell zusammenhängen. Wichtig ist jetzt:

1. Die Entscheidung, bestimmte Thesen als zentrale Thesen einer Argumentation zu betrachten, ist eine *Interpretationsentscheidung*, die in exegetischer und in systematischer Hinsicht getroffen werden kann.
2. Diese Entscheidung in *exegetischer Hinsicht* zu treffen, bedeutet, diejenigen Thesen auszuwählen, von denen es am plausibelsten erscheint, dass sie eine möglichst stimmige und angemessene Interpretation des Gesamttextes ermöglichen.
3. Diese Entscheidung in *systematischer Hinsicht* zu treffen, heißt, bestimmte Fragestellungen von außen an den Text heranzutragen und den Text daraufhin zu analysieren, was er zu diesen Fragen zu sagen hat.

(Freilich können auch beide Gesichtspunkte – exegetische und systematische – zugleich in eine Interpretationsentscheidung einfließen. Und manchmal bedingen sich exegetische und systematische Ziele, z. B. wenn man nur aufgrund der sorgfältigen Lektüre und Interpretation eines Textes auf eine bestimmte These stößt, deren systematische Relevanz man dann erkennt.)

Dies sei an unserer Beispieldebatte illustriert. Möglicherweise liest und analysiert jemand den Text, um sich darüber klar zu werden, ob Internetkonzerne gesetzlich dazu verpflichtet werden sollten, Falschmeldungen im Netz nicht zu verbreiten. Die Argumentanalystin hat dann ein *systematisches Interesse* und wird die Überlegungen im Text rekonstruieren als Argumente für und wider die These:

Tafel 1.9   [Falschmeldungsverbot]: Internetkonzerne sollten gesetzlich dazu verpflichtet werden, Falschmeldungen im Netz nicht zu verbreiten.

Eine andere Interpretin tritt möglicherweise nicht mit einer eigenen Fragestellung an den Text heran: Herauszufinden, welche Frage der Text stellt und beantwortet, ist vielmehr ein erstes Ziel ihrer Analyse. Die Interpretin will verstehen, wie und wofür dort eigentlich argumentiert wird; sie bestimmt die zentralen Thesen in *exegetischer Hinsicht*. Dabei tritt ein Problem auf, das für Interpretationen im Allgemeinen und für Argumentanalysen im Besonderen typisch ist: Man muss sich *zu Beginn* der Interpretation entscheiden, welche Thesen man in das Zentrum der Argumentanalyse stellt. Aber eigentlich weiß man erst *ganz am Ende*, nachdem man den gesamten Text analysiert hat, ob es überhaupt möglich ist, den Text stimmig als Argumentation zugunsten und gegen bestimmte Thesen zu interpretieren. Dieses Henne-Ei-Problem löst man wie folgt:

1. Die Entscheidung, bestimmte Thesen in das Zentrum einer Rekonstruktion zu rücken, ist eine *Interpretationshypothese*.

2. Diese Interpretationshypothese bildet vorläufig den Rahmen für die weitere Rekonstruktion des Textes.
3. Im Laufe der weiteren Analyse kann die anfängliche Interpretationshypothese (a) erhärtet (Argumente lassen sich stimmig auf die These beziehen) oder (b) in Frage gestellt (wichtige argumentative Passagen im Text stehen in gar keinem Zusammenhang zur These) werden.
4. Wenn eine Interpretationshypothese Probleme aufwirft (Fall b), so kann dies eine Revision der zentralen Thesen (und d. h. der initialen Hypothese) erforderlich machen. Die zentralen Thesen können dazu schrittweise im Laufe der Interpretation modifiziert und angepasst werden. Manchmal ist es aber auch ratsam, eine Interpretationshypothese völlig zu verwerfen und bei der Rekonstruktion ganz von vorne – und zwar mit einer anderen zentralen These – anzufangen.

So wie man als Autorin bereit sein muss, im entstehenden Text Sätze immer wieder umzuformulieren oder gar ganze Abschnitte zu streichen, so muss man als Argumentanalyst bereit sein, die eigenen Rekonstruktionen immer wieder anzupassen und ggf. sogar große Teile der bisherigen Analyse völlig zu verwerfen.

Was bedeutet all das für die Analyse unserer Beispieldebatte *in exegetischer Hinsicht*?

Die anfängliche Interpretationshypothese, die den Rahmen für unsere Analyse der Argumente bildet, lautet, dass sich die Debatte gut verstehen lässt als eine Debatte über die Thesen [Meinungsfreiheit-2] sowie [Zensurverbot-2] und [Zensurgebot-2]. Solange wir an dieser Hypothese festhalten, streichen wir den jeweiligen Index »-2« und sprechen z. B. einfach vom [Zensurgebot].

Warum ist das eine plausible Arbeitshypothese?
1. Dem Wortlaut nach wird in den Argumenten auf Meinungsfreiheit, Zensurverbot und Zensurgebot Bezug genommen (wie oben bereits festgestellt).
2. Eine erste Lektüre der Gründe (Gesetzgebung zu Volksverhetzung, Pornographie, Schutz der Privatsphäre) scheint dafür zu sprechen, dass die Argumente sich auf staatliche Zensur in der zweiten Lesart (und nicht in der viel allgemeineren ersten Lesart) beziehen.
3. Aufgrund der inferentiellen Zusammenhänge zwischen diesen drei Thesen werden durch die Argumentanalyse alle Argumente, die sich teils auf die eine, teils auf die andere These beziehen, selbst in Beziehung zueinander gesetzt. Die inferentielle Vernetzung der zentralen Thesen verspricht daher, die Kohärenz der Gesamtanalyse zu erhöhen (d. h., den Text so interpretieren zu können, dass sich seine verschiedenen Teile sinnvoll aufeinander beziehen).

Wir haben bereits sehr genau über die Debatte nachgedacht, ohne überhaupt ein einziges Argument detaillierter in den Blick zu nehmen. Es steht bisher nur die vorläufige Interpretation des Kerns der Debatte in Gestalt zentraler Thesen, um den wir allerdings – wie um einen Kondensationskeim – die verschiedenen Argumente, die wir dabei Schritt für Schritt rekonstruieren, anordnen können. Alle Erfahrung zeigt dabei: Ein möglichst gutes Verständnis der zentralen Thesen einer Debatte erleichtert die Rekonstruktion der Argumente ganz erheblich.

1.2 | Pro- und Kontra-Gründe in einer ›Gründehierarchie‹ ordnen

Im Text finden sich fünf Pro- und fünf Kontra-Gründe, die sich wie in Tafel 1.10 auf die zentralen Thesen beziehen lassen. Wir orientieren uns dabei zunächst nur an den Hinweisen im Text und korrigieren unsere ursprüngliche Pro-Kontra-Liste minimal. Die Gründe <Pro1> und <Con1> sprechen gegen bzw. für ein allgemeines Zensurverbot (s. etwa »Deshalb ist es nicht der Fall, dass Zensur prinzipiell falsch ist«). Die Gründe mit den Nummern 2–5 betreffen hingegen die Frage, ob Zensur in bestimmten Fällen erforderlich, d. h. geboten ist – diese Gründe sprechen für und gegen das partikuläre Zensurgebot. Schließlich äußert sich <Pro1> auch zur Meinungsfreiheit.

Tafel 1.10
```
[Zensurverbot]
    <- <Pro1>: ...
    <+ <Con1>: ...
[Zensurgebot]
    <+ <Pro2>: ...
    <- <Con2>: ...
    <+ <Pro3>: ...
    <- <Con3>: ...
    <+ <Pro4>: ...
    <- <Con4>: ...
    <+ <Pro5>: ...
    <- <Con5>: ...
[Meinungsfreiheit]
    <- <Pro1>: ...
```

Eine genauere Betrachtung der so skizzierten Stützungs- und Angriffsbeziehungen lässt aber Zweifel an dieser einfachen Darstellung aufkommen. Zum Beispiel besagt das Argument <Con2> im Wesentlichen, dass »der Zusammenhang zwischen Sex und Gewalt auf der Mattscheibe und im echten Leben alles andere als klar« ist. Dieser Gedanke lässt sich aber kaum verstehen als Einwand gegen das Zensurgebot, d. h. als Begründung dafür, dass staatliche Zensur niemals geboten ist. Vielmehr bezieht sich <Con2> unmittelbar auf eine der Voraussetzungen von <Pro2>, denn <Pro2> argumentiert für ein partikuläres Zensurgebot gerade mit Verweis auf den Zusammenhang, der in <Con2> dann bestritten wird. Angemessener ist es daher, <Con2> nicht als direkten Einwand gegen das Zensurgebot, sondern als direkten Einwand gegen eine Begründung des Zensurgebots aufzufassen. Nur indirekt, vermittelt über <Pro2>, spricht <Con2> somit gegen das Zensurgebot.

Tafel 1.11

```
[Zensurgebot]
    <+ <Pro2>: Bestimmte Literaturformen oder visuelle Dar-
       stellungen sind auf überzeugende Weise mit Kriminali-
       tät in Verbindung gebracht worden. ...
          <- <Con2>: Tatsächlich ist der Zusammenhang zwischen
             Sex und Gewalt auf der Mattscheibe und im echten Le-
             ben alles andere als klar. ...
```

Auch in den anderen Con-Gründen finden sich Überlegungen, die sich am plausibelsten als Repliken auf den jeweiligen Pro-Grund verstehen lassen. <Con1> führt an, dass Gesetzgebung gegen Volksverhetzung überwiegend kontraproduktiv ist. <Con3> und <Con4> machen u. a. geltend, dass gesetzliche Verbote medialer Inhalte sehr leicht umgangen werden können und daher unwirksam sind. <Con5> verweist u. a. darauf, dass es andere Wege als die Zensur gibt, die Privatsphäre öffentlicher Personen zu schützen. – Aber in all diesen Gründen geschieht auch viel mehr als bloß das. Lesen wir erneut <Con1>.

[Con1] Zensur ist prinzipiell falsch. Wie heftig wir auch dem Standpunkt oder den Äußerungen einer Person widersprechen mögen, in einer zivilisierten Gesellschaft muss sie frei sein, sich so zu äußern. Zensur, wie etwa die Gesetzgebung gegen Volksverhetzung, treibt Rassisten und andere nur in den Untergrund, so dass dieser Teil unserer Gemeinschaft ghettoisiert wird und sich verschanzt, anstatt dass seine Mitglieder in eine offene und vernünftige Debatte einbezogen werden.

Der dritte Satz ist die Replik auf das Volksverhetzungs-Argument in <Pro1>. Der erste Satz hingegen bekräftigt die zentrale These [Zensurverbot], und der zweite Satz begründet diese These mit Verweis auf die Meinungsfreiheit – tatsächlich hatten wir uns ja bereits verdeutlicht, dass [Zensurverbot] aus der allgemeineren These [Meinungsfreiheit] folgt.

Einen wiederum ganz anderen Verlauf nimmt der Gedankengang in <Con3>.

[Con3] Derartige Formen staatlicher Regulierung sind notorisch wirkungslos. Kinder jedweden Alters haben Zugang zu Videos, Spielen und Onlineinhalten mit »Altersfreigabe 18«, wenn sie es wirklich wollen. Letztendlich kann und muss der einzig effektive Schutz der Kinder vor unangemessenen Inhalten von den Eltern kommen. Und dieser Schutz ist keine staatliche Zensur, sondern basiert auf individueller Wahl und Kontrolle der Eltern. Dort gehören solche Entscheidungen hin.

Hier stellen die ersten zwei Sätze die Erwiderung auf <Pro3> dar. Aber dann wird noch mehr behauptet, als für die Widerlegung von <Pro3> erforderlich zu sein scheint. Wenn Zensur wirkungslos ist, dann ist das Jugendschutz-Argument <Pro3> vom Tisch. Warum also sich noch dazu äußern, wie Kinder stattdessen wirkungsvoll geschützt werden? Eine erste Interpretation besteht darin, dass ein unausgesprochener (aber drohender) Gegeneinwand vorsorglich entkräftet wird:

Tafel 1.12   [Zensurgebot]
    `<+ <Pro3>`: ...
      `<- <Con3-1>`: Derartige Formen staatlicher Regulierung
         sind notorisch wirkungslos. Kinder jedweden Alters
         haben Zugang zu Videos, Spielen und Onlineinhalten
         mit ›Altersfreigabe 18‹, wenn sie es wirklich wol-
         len.
        `<- /*Antizipierter, aber unausgesprochener Gegenein-`
           wand gegen `<Con3-1>`:*/ Zensur ist aber die einzige
           Maßnahme, die wir zum Schutz unserer Kinder haben.
           Auch wenn sie notorisch wirkungslos erscheint,
           sollten wir sie daher ergreifen.
          `<- <Con3-2>`: Letztendlich kann und muss der einzig
             effektive Schutz der Kinder vor unangemessenen
             Inhalten von den Eltern kommen. Und dieser
             Schutz ist keine staatliche Zensur, sondern ba-
             siert auf individueller Wahl und Kontrolle der
             Eltern.

Eine alternative Interpretation dieses Abschnitts erkennt im zweiten Teil von `<Con3>` eine weitere Erwiderung auf `<Pro3>`, die von der ersten Erwiderung unabhängig ist und diese ergänzt. Dazu formulieren wir leicht um:

Tafel 1.13   [Zensurgebot]
    `<+ <Pro3>`: ...
      `<- <Con3-1>`: Derartige Formen staatlicher Regulierung
         sind notorisch wirkungslos. Kinder jedweden Alters
         haben Zugang zu Videos, Spielen und Onlineinhalten
         mit »Altersfreigabe 18«, wenn sie es wirklich wol-
         len.
      `<- <Con3-2>`: Selbst wenn staatliche Zensur nicht gänz-
         lich wirkungslos sein sollte, so gibt es doch einen
         viel effektiveren Schutz der Kinder vor unangemesse-
         nen Inhalten. Und dieser Schutz ist keine staatliche
         Zensur, sondern basiert auf individueller Wahl und
         Kontrolle der Eltern.

Tafel 1.12 und Tafel 1.13 stellen zwei konkurrierende Interpretationshypothesen dar. Wir verfolgen im Weiteren die zweite dieser Hypothesen.

Im Vergleich zu dem in Tafel 1.13 rekonstruierten Einwand `<Con3>` steigert `<Con4>` nochmals die Komplexität der Argumentation. Zunächst erwidert `<Con4>` das Argument `<Pro4>`, welches für staatliche Zensur im Kontext von Kinder- und Hardcore-Pornographie plädiert, ganz analog zu `<Con3>`:

[Con4] Nochmals: Leute werden Pornographie in die Hände bekommen, sodenn sie es wollen. Zensur wird die Anzahl derer, die Pornographie nutzen, nicht verändern. Es ist Aufgabe der Eltern und der Gemeinschaft, Kinder so zu erziehen, dass sie gesunde Einstellungen haben – und es ist nicht Aufgabe des Staates, unwirksame Gesetzgebung darüber zu erlassen, welche Arten von Fotos veröffentlicht werden dürfen.

Dann fährt der Einwand fort:

Letztendlich werden pornographische Bilder und Filme keinen wirklich schädlichen Einfluss auf einen ausgeglichenen Geist haben. Pornographie hat nur auf diejenigen einen heimtückischen Einfluss, die ohnehin aus anderen Gründen unausgeglichen sind.

Hier kommt man ins Stutzen: Kinderpornographie hat keinen schädlichen Einfluss ... wirklich? Und wie passt das zur folgenden Behauptung, dass Kinderpornographie auf Grundlage bestehender Gesetze bekämpft werden sollte?

Der Verweis auf Kinderpornographie führt hier in die Irre – denn Kinderpornographie ist bereits gesetzlich untersagt und wir benötigen keine weiteren Zensurgesetze, um sie zu bekämpfen.

Der Gedankengang wird verständlicher, wenn man annimmt, dass hier Differenzierungen aufgegriffen werden, die bereits in <Pro4> angelegt sind. So trifft <Con4> zwei Unterscheidungen: erstens zwischen der Rezeption und Produktion von Pornographie sowie zweitens zwischen Hardcore- und Kinderpornographie. Schädliche Folgen und Schutzbedürftigkeit werden für die aus den Unterscheidungen resultierenden Fälle gesondert bewertet.

```
[Zensurgebot]                                          Tafel 1.14
   <+ <Pro4>: Staatliche Zensur ist im Kontext von Kinder-
      und Hardcore-Pornographie erforderlich. ...
      /*Bezüglich der Rezeption und Produktion gilt:*/
      <- <Con4-1>: Nochmals: ... Zensur wird die Anzahl de-
         rer, die Pornographie nutzen, nicht verändern.
      /*Bezüglich der Rezeption gilt:*/
      <- <Con4-2>: Selbst wenn staatliche Zensur nicht gänz-
         lich wirkungslos sein sollte, so gibt es doch einen
         viel effektiveren Schutz der Kinder vor unangemesse-
         nen Inhalten. Es ist Aufgabe der Eltern und der Ge-
         meinschaft, Kinder so zu erziehen, dass sie gesunde
         Einstellungen haben.
      /*Bezüglich der Rezeption gilt:*/
      <- <Con4-3>: Letztendlich werden pornographische Bilder
         und Filme keinen wirklich schädlichen Einfluss auf
         einen ausgeglichenen Geist haben. Pornographie hat
         nur auf diejenigen einen heimtückischen Einfluss,
         die ohnehin aus anderen Gründen unausgeglichen sind.
      /*Bezüglich der Produktion von Kinderpornographie
      gilt:*/
```

```
<-<Con4-4>: Der Verweis auf Kinderpornographie führt
   hier in die Irre - denn Kinderpornographie ist be-
   reits gesetzlich untersagt und wir benötigen keine
   weiteren Zensurgesetze, um sie zu bekämpfen.
```

Gemäß dieser Interpretation der argumentativen Zusammenhänge bestreitet <Con4-3>, dass die *Rezeption* von Pornographie überhaupt einen nennenswerten schädlichen Einfluss hat, und bezweifelt daher, dass es überhaupt einen Schutzbedarf der Rezipienten gibt – wie <Pro4> mutmaßlich unterstellt. Gleichzeitig behauptet <Con4-3> aber, dass Pornographie sehr wohl auf einige einen »heimtückischen« Einfluss haben kann. Wie passt das nun wiederum zusammen? Zählen die betroffenen Personen nicht?

Wenn man das Argument <Con4-3> hingegen nicht als direkten Einwand gegen <Pro4>, sondern als weitere Untermauerung des Einwands <Con4-2> interpretiert und entsprechend reformuliert, so erscheint es viel plausibler:

Tafel 1.15

```
[Zensurgebot]
   <+<Pro4>: ...
      <-<Con4-1>: ...
      <-<Con4-2>: Selbst wenn staatliche Zensur nicht gänz-
         lich wirkungslos sein sollte, so gibt es doch einen
         viel effektiveren Schutz der (potentiellen) Rezi-
         pienten von Pornographie: Erziehung durch Eltern und
         Gemeinschaft.
         <+<Con4-3>: Letztendlich werden pornographische Bil-
            der und Filme keinen wirklich schädlichen Einfluss
            auf einen ausgeglichenen Geist haben, sondern nur
            auf diejenigen, die ohnehin aus anderen Gründen
            unausgeglichen sind. Die Eltern und die Gemein-
            schaft können Kinder aber so erziehen, dass sie
            gesunde Einstellungen haben und so vor Pornogra-
            phie geschützt sind.
```

Halten wir einen Moment inne. Aus der einfachen Pro-Kontra-Liste (Tafel 1.1) sind viele, mehr oder weniger komplexe, zum Teil sich ergänzende, zum Teil rivalisierende Gründehierarchien entstanden, in denen die argumentativen Funktionen der verschiedenen Überlegungen und die dialektische Struktur der Debatte skizziert werden.

Zum Begriff

> In Bezug auf eine zentrale These begründen *Gründe ersten Grades*, dass die These wahr oder falsch ist. *Gründe zweiten Grades* begründen, dass ein Grund ersten Grades wahr oder falsch ist. Und allgemein begründen Gründe des Grades *i*, dass ein Grund des Grades *i*–1 wahr oder falsch ist (*i*>1). Gründe, die nicht Gründe ersten Grades sind, nennen wir *Gründe höheren Grades*.
> Gründe ersten und höheren Grades bilden eine ›geschachtelte‹ Pro-Kontra-Liste: eine **Gründehierarchie**.

Diese Gründehierarchien haben wir erstellt, indem wir uns folgende Fragen vorgelegt haben:
1. *Wofür* oder *wogegen* ist Überlegung X genau ein Grund?
2. Ist Überlegung X *ein* Grund oder handelt es sich um *mehrere* Gründe?
3. Gibt es vielleicht *unausgesprochene* Gründe oder Thesen, auf die sich X bezieht und die deshalb in die Gründehierarchie eingefügt werden sollten?
4. Welche – unter Umständen vom Text abweichende – *Formulierung* gibt den Grund X angemessen wieder?

Durch Beantwortung dieser Fragen haben wir versucht, eine möglichst plausible Sichtweise auf die Argumentation zu entwickeln. Dabei haben wir uns bisher auf unsere argumentative Urteilskraft und unser implizites Wissen verlassen. Im Folgenden werden wir dieses Vorgehen schrittweise systematisieren. Das wird uns erlauben, (a) viel differenziertere Argumentationsanalysen anzufertigen und (b) unsere Interpretationsentscheidungen besser zu begründen.

1.3 | Prämissen und Konklusionen identifizieren und eine Argumentkarte erstellen

Wir systematisieren unsere Analyse, indem wir komplexe Argumentationen als *Argumentkarten* rekonstruieren. Argumentkarten bestehen aus Thesen und Argumenten, die in verschiedenen dialektischen Beziehungen zueinander stehen können.

Ein **Argument** besteht aus einer Aussage (der *Konklusion*), die durch andere Aussagen (die *Prämissen*) begründet wird – oder zumindest begründet werden soll. Für die Argumentationsanalyse ist es ganz zentral, folgende Eigenschaften eines Arguments zu unterscheiden:
1. *Status der Prämissen:* Sind die Prämissen wahr oder plausibel? Sind die Prämissen gut begründet? Sind die Prämissen umstritten? ...
2. *Status der Konklusion:* Ist die Konklusion wahr oder plausibel? Sprechen für die Konklusion andere Gründe? Ist die Konklusion umstritten? ...
3. *Beziehung zwischen Prämissen und Konklusion:* Begründen die Prämissen überhaupt die Konklusion? Ist der Schluss von den Prämissen auf die Konklusion deduktiv gültig? Handelt es sich um ein nicht-deduktiv korrektes Argument, zum Beispiel um eine starke induktive Begründung?

Zum Begriff

Ein wesentliches Ziel der Argumentationsanalyse ist es, einzelne Argumente so zu interpretieren, dass zwischen Prämissen und Konklusion eine geeignete Begründungsbeziehung besteht, und, sofern das nicht gelingt, das Fehlen einer solchen Begründungsbeziehung kenntlich zu machen.

Es gibt verschiedene *dialektische Beziehungen* in einer Argumentkarte, die sich aus den logisch-inferentiellen Beziehungen zwischen den Prämissen und Konklusionen der Argumente sowie den Thesen ergeben. Die dialektischen Beziehungen zwischen einer These und einem Argument sind wie folgt definiert (s. Abb. 1.1):

- *Die These stützt das Argument (greift es an)* genau dann, wenn die These mit einer Prämisse des Arguments identisch ist (bzw. dieser widerspricht).
- *Das Argument stützt die These (greift sie an)* genau dann, wenn die Konklusion des Arguments mit der These identisch ist (bzw. dieser widerspricht).

Die dialektischen Beziehungen zwischen zwei Argumenten sind wie folgt definiert (s. Abb. 1.1):

- *Das Argument A stützt das Argument B* genau dann, wenn die Konklusion von Argument A mit einer Prämisse des Arguments B identisch ist.
- *Das Argument A greift das Argument B* genau dann *an*, wenn die Konklusion von Argument A einer Prämisse des Arguments B widerspricht.

Für die *vorläufige Skizze* einer Argumentkarte kann der Gebrauch der folgenden Beziehungen ebenfalls nützlich sein:

- *Die These untergräbt das Argument* genau dann, wenn mit der These in Frage gestellt wird, dass zwischen den Prämissen des Arguments und seiner Konklusion eine geeignete Begründungsbeziehung besteht.

Abb. 1.1:
Dialektisches
Quadrat

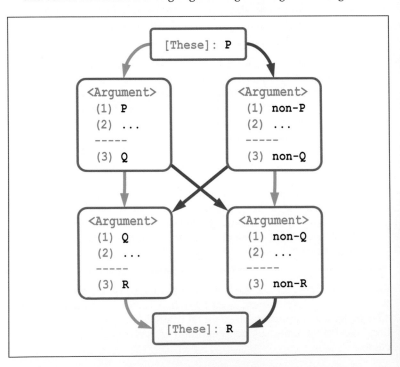

- *Das Argument A untergräbt das Argument B* genau dann, wenn mit der Konklusion von Argument A in Frage gestellt wird, dass zwischen den Prämissen des Arguments B und seiner Konklusion eine geeignete Begründungsbeziehung besteht.

Die Definitionen der dialektischen Beziehungen in Argumentkarten legen nicht nur die Bedeutung der Stützungs- und Angriffsbeziehungen zwischen den Argumenten fest, sie geben uns zugleich auch Regeln für die Erstellung von Argumentkarten an die Hand. Zum Beispiel sollten wir nur dann eine Stützungsbeziehung zwischen zwei Argumenten notieren, wenn die Konklusion des einen mit einer Prämisse des anderen identisch ist.

Faustregeln für die **Erstellung von Argumentkarten**:
1. Genau ein Argument pro Argumentkasten. (»No A-box without reasoning!«)
2. Eine Aussage pro Thesenkasten. (»No reasoning in T-boxes!«)
3. Ein Argument kann maximal eine These stützen.
4. Ein Argument kann mehrere Argumente stützen bzw. angreifen; gleichwohl deuten viele ausgehende Pfeile darauf hin, dass ein Argumentkasten tatsächlich für verschiedene Argumente steht, die unterschieden und gesondert visualisiert werden sollten.

Maxime

Die bisher rekonstruierte Gründehierarchie überführen wir nun exemplarisch in eine Argumentkarte. Ausgangspunkt dafür ist der folgende Stand der Analyse (des Abschnitts `Pro4-Con4`), in dem die verschiedenen Argumente bereits aussagekräftig betitelt sind.

[Zensurgebot]: Es gibt Fälle, in denen Gesetzgebung, die bestimmte Formen der Meinungsäußerung und -wiedergabe untersagt und sanktioniert, geboten ist.
  <+ <Schutz vor Kinder- und Hardcore-Pornographie>: Staatliche Zensur ist im Kontext von Kinder- und Hardcore-Pornographie erforderlich. Kinder sowie junge Frauen und Männer müssen vor der Ausbeutung durch Pornographen geschützt werden. Und die Gesellschaft als Ganzes sollte vor den schäbigen, ungesunden, unterdrückerischen und objektifizierenden Einstellungen zu Frauen und Sex geschützt werden, die von der Pornographie aufrechterhalten werden. {quelle: Pro4}
    <- <Zensur unwirksam>: Nochmals: Leute werden Pornographie in die Hände bekommen, sodenn sie es wollen. Zensur wird die Anzahl derer, die Pornographie nutzen, nicht verändern. {quelle: Con4}

Tafel 1.16

<- <Erziehung effektiver>: Selbst wenn staatliche Zensur nicht gänzlich wirkungslos sein sollte, so gibt es doch einen viel effektiveren Schutz der (potentiellen) Rezipienten von Pornographie: Erziehung durch Eltern und Gemeinschaft. {quelle: Con4}

    <+ <Immunisierung durch Erziehung>: Letztendlich werden pornographische Bilder und Filme keinen wirklich schädlichen Einfluss auf einen ausgeglichenen Geist haben, sondern nur auf diejenigen, die ohnehin aus anderen Gründen unausgeglichen sind. Die Eltern und die Gemeinschaft können Kinder aber so erziehen, dass sie gesunde Einstellungen haben und so vor Pornographie geschützt sind. {quelle: Con4}

<- <Kinderpornographie ohnehin illegal>: Bezüglich der schädlichen Auswirkungen der Produktion von Pornographie gilt: Der Verweis auf Kinderpornographie führt hier in die Irre – denn Kinderpornographie ist bereits gesetzlich untersagt und wir benötigen keine weiteren Zensurgesetze, um sie zu bekämpfen. {quelle: Con4}

Wo fangen wir jetzt mit der genauen Analyse an? Eine bewährte und nützliche Faustregel zum Vorgehen lautet:

Maxime

> Bei der Analyse sollte man
> 1. von der zentralen These oder der Konklusion ausgehen;
> 2. eine komplexe Argumentation in kleine, überschaubare Teile zergliedern;
> 3. die einzelnen Argumentationsschritte Stück für Stück, entgegen der Begründungsrichtung, rekonstruieren.

Wenn wir das Bild einer Debatte vor Augen haben, in deren Kern die zentralen Thesen stehen, dann rekonstruieren wir die Debatte von innen nach außen. Stellen wir uns eine Argumentation als Liste aufeinanderfolgender Begründungsschritte vor, die in der Konklusion münden, so rekonstruieren wir von unten nach oben.

Beginnen wir also bei der zentralen These. Begründet das Pro-Argument <Schutz vor Kinder- und Hardcore-Pornographie> die These [Zensurgebot]? Dazu müssen wir klären, ob die Konklusion des Arguments mit der These identisch ist (oder diese zumindest offenkundig impliziert). Und dazu müssen wir verstehen, wie überhaupt die Konklusion des Arguments lautet. Liest man das Pro-Argument unter diesem Gesichtspunkt erneut, lässt sich erahnen, dass hier der erstgenannte Satz begründet werden soll. Und der erste Satz klingt auch schon ganz ähnlich wie die These [Zensurgebot]. Wenn wir diesen Satz paraphrasieren (statt »erforderlich sein« behaupten »geboten sein«) und wenn wir »staatliche Zensur« im Sinne von [Zensurgebot] verstehen, wird deutlich, dass die Konklusion des Arguments die These impliziert.

Tafel 1.17

[Zensurgebot]: Es gibt Fälle, in denen Gesetzgebung, die bestimmte Formen der Meinungsäußerung und -wiedergabe untersagt und sanktioniert, geboten ist.
  <+ <Schutz vor Kinder- und Hardcore-Pornographie>: Kinder- und Hardcore-Pornographie ist ein Fall, in dem Gesetzgebung geboten ist, die bestimmte Formen der Meinungsäußerung und -wiedergabe (nämlich die Wiedergabe der pornographischen Inhalte) untersagt und sanktioniert. _Denn_ Kinder sowie junge Frauen und Männer müssen vor der Ausbeutung durch Pornographen geschützt werden. Und die Gesellschaft als Ganzes sollte vor den schäbigen, ungesunden, unterdrückerischen und objektifizierenden Einstellungen zu Frauen und Sex geschützt werden, die von der Pornographie aufrechterhalten werden. {quelle: Pro4}

In der Formulierung des Arguments haben wir mit »denn« auch kenntlich gemacht, was zur Konklusion und was zum Begründungsteil gehört. Im Begründungsteil werden zwei verschiedene Ziele (nämlich erstens Schutz bestimmter Personengruppen im Kontext der Produktion von Pornographie und zweitens Schutz bestimmter Personengruppen im Kontext der Rezeption) genannt. Aufgrund dieser Ziele ist eine gesetzliche Zensur von Pornographie geboten. Das tönt soweit plausibel.

Gehen wir einen Schritt weiter, zum Argument <Zensur unwirksam>. In unserer bisherigen Interpretation handelt es sich um einen Einwand gegen <Schutz vor Kinder- und Hardcore-Pornographie>. Lässt sich diese Hypothese durch eine genauere Analyse bestätigen? Eine zentrale Aussage im Argument <Zensur unwirksam> ist, dass gesetzliche Zensur von Pornographie die Rezeption von Pornographie nicht beeinflussen wird und in diesem Sinne völlig unwirksam ist. Handelt es sich dabei auch um die Konklusion des Arguments? Zumindest lassen sich die weiteren Behauptungen im Kontext von Con4-1 – aber auch im Kontext der analogen Überlegung Con3-1, auf die verwiesen wird – als Begründung der Ineffektivität gesetzlicher Zensur verstehen. Nehmen wir also an, die Konklusion von <Zensur unwirksam> lautet, dass gesetzliche Zensur von Pornographie wirkungslos ist.

Was bedeutet das für die dialektische Funktion des Arguments? Greift <Zensur unwirksam> tatsächlich <Schutz vor Kinder- und Hardcore-Pornographie> an, wie wir in der Gründehierarchie gemutmaßt haben? Nun, <Schutz vor Kinder- und Hardcore-Pornographie> führt als Prämissen einzig zwei Ziele an. Mit der Konklusion von <Zensur unwirksam> wird keines dieser Ziele bestritten. Und <Schutz vor Kinder- und Hardcore-Pornographie> behauptet auch gar nicht explizit, dass gesetzliche Zensur wirksam ist. Besteht demnach gar keine dialektische Beziehung zwischen den Argumenten? Läuft der Einwand ins Leere? Aber intuitiv scheint <Zensur unwirksam> doch ein relevanter

Einwand zu sein! Vor dem Hintergrund unserer bisherigen Analyse können wir die Funktion des Einwands indes vielleicht so beschreiben: <Zensur unwirksam> bestreitet nicht die Prämissen des Arguments <Schutz vor Kinder- und Hardcore-Pornographie>, sondern bezweifelt vielmehr, dass sich aus den zwei Prämissen die Konklusion ergibt. <Zensur unwirksam> untergräbt <Schutz vor Kinder- und Hardcore-Pornographie>.

Tafel 1.18

[Zensurgebot]: Es gibt Fälle, in denen Gesetzgebung, die bestimmte Formen der Meinungsäußerung und -wiedergabe untersagt und sanktioniert, geboten ist.

  <+ <Schutz vor Kinder- und Hardcore-Pornographie>: Kinder- und Hardcore-Pornographie ist ein Fall, in dem Gesetzgebung geboten ist, die bestimmte Formen der Meinungsäußerung und -wiedergabe (nämlich die Wiedergabe der pornographischen Inhalte) untersagt und sanktioniert. Denn Kinder sowie junge Frauen und Männer müssen vor der Ausbeutung durch Pornographen geschützt werden. Und die Gesellschaft als Ganzes sollte vor den schäbigen, ungesunden, unterdrückerischen und objektifizierenden Einstellungen zu Frauen und Sex geschützt werden, die von der Pornographie aufrecht erhalten werden. {quelle: Pro4}

    <_ <Zensur unwirksam>: Gesetzliche Zensur von Pornographie wird die Rezeption von Pornographie nicht beeinflussen und ist in diesem Sinne völlig unwirksam. Leute, auch Kinder und Jugendliche, werden Pornographie in die Hände bekommen, sodenn sie es wirklich wollen. {quelle: Con4, Con3}

Warum genau untergräbt <Zensur unwirksam> mit seiner Konklusion das Pro-Argument? Manchmal ist es einfacher, sich argumentative Zusammenhänge abstrakt zu verdeutlichen. Das Pro-Argument begründet eine gesetzliche Maßnahme mit Blick auf bestimmte Ziele. Um eine Maßnahmen zu begründen, ist es aber niemals ausreichend, einzig auf Ziele zu verweisen. Ziele begründen eine Maßnahme höchstens unter der Annahme, dass die Maßnahme zur Zielerreichung beiträgt und in diesem Sinne effektiv ist. <Zensur unwirksam> untergräbt das Pro-Argument, weil dessen unausgesprochene Effektivitätsannahme angezweifelt wird.

Aber wenn die Effektivitäts-Annahme ohnehin im Argument <Schutz vor Kinder- und Hardcore-Pornographie> vorausgesetzt wird, können wir sie dort auch explizit aufführen. Dann wird deutlich, gegen welche Prämisse sich der Einwand <Zensur unwirksam> richtet. Aus diesem Einwand wird ein Angriff im engeren Sinne, indem wir die Negation der Effektivitäts-Annahme als seine eigentliche Konklusion setzen.

Tafel 1.19

[Zensurgebot]: Es gibt Fälle, in denen Gesetzgebung, die bestimmte Formen der Meinungsäußerung und -wiedergabe untersagt und sanktioniert, geboten ist.

```
<+ <Schutz vor Kinder- und Hardcore-Pornographie>: Kin-
   der- und Hardcore-Pornographie ist ein Fall, in dem
   Gesetzgebung geboten ist, die bestimmte Formen der
   Meinungsäußerung und -wiedergabe (nämlich die Wieder-
   gabe der pornographischen Inhalte) untersagt und sank-
   tioniert. Denn Kinder sowie junge Frauen und Männer
   müssen vor der Ausbeutung durch Pornographen geschützt
   werden; und die Gesellschaft als Ganzes sollte vor den
   schäbigen, ungesunden, unterdrückerischen und objekti-
   fizierenden Einstellungen zu Frauen und Sex geschützt
   werden, die von der Pornographie aufrechterhalten wer-
   den. *Eine gesetzliche Zensur von Pornographie er-
   reicht genau dies. Sie schützt Kinder sowie junge
   Frauen und Männer vor der Ausbeutung und die Gesell-
   schaft vor schäbigen Einstellungen.* {quelle: Pro4}
   <- <Zensur unwirksam>: Eine gesetzliche Zensur von Por-
      nographie ist unwirksam: sie schützt weder Kinder
      und junge Frauen und Männer vor der Ausbeutung noch
      die Gesellschaft vor schäbigen Einstellungen. Denn
      gesetzliche Zensur wird die Rezeption von Pornogra-
      phie nicht beeinflussen. Denn Leute, auch Kinder und
      Jugendliche, werden Pornographie immer in die Hände
      bekommen, sodenn sie es wirklich wollen. {quelle:
      Con4, Con3}
```

> Bei der Rekonstruktion einer Argumentation als Argumentkarte sollte
> man immer versuchen, Beziehungen der Art »Argument A *untergräbt*
> Argument B« auf gewöhnliche Angriffsbeziehungen im oben definier-
> ten Sinne zurückzuführen, indem man unausgesprochene Annahmen
> des untergrabenen Arguments B, gegen die sich A richtet, explizit
> macht.

Maxime

Gehen wir weiter, zum Einwand <Erziehung effektiver>.

```
[Zensurgebot]: ...
   <+ <Schutz vor Kinder- und Hardcore-Pornographie>: ...
      <- <Erziehung effektiver>: Selbst wenn staatliche Zen-
         sur nicht gänzlich wirkungslos sein sollte, so gibt
         es doch einen viel effektiveren Schutz der (poten-
         tiellen) Rezipienten von Pornographie: Erziehung
         durch Eltern und Gemeinschaft. {quelle: Con4}
```

Tafel 1.20

Dieser Einwand wird mit einer »Selbst-Wenn-Formel« eingeleitet. Dabei
handelt es sich nicht um eine Konzession; es wird ja nicht zugestanden,
dass staatliche Zensur doch wirkungsvoll ist. Vielmehr wird hier der Status und die dialektische Funktion des Einwands erläutert: Der Einwand
<Erziehung effektiver> ist unabhängig vom Einwand <Zensur un-

wirksam> und läuft insbesondere nicht darauf (auf die Konklusion) hinaus, dass staatliche Zensur gänzlich wirkungslos ist.

Worin besteht dann der Einwand? Es wird behauptet (Konklusion), dass es einen effektiveren Schutz der (potentiellen) Rezipienten von Pornographie als die gesetzliche Zensur gibt. Und als Begründung wird dafür angeführt: Erziehung durch Eltern und Gemeinschaft bietet einen effektiveren Schutz als gesetzliche Zensur.

In dieser Lesart stellt sich aber erneut das Problem, dass <Erziehung effektiver> keine Prämisse des mutmaßlich angegriffenen Pro-Arguments in Frage stellt. Oder gibt es eine implizite Prämisse des Pro-Arguments, gegen die sich der Einwand richtet? Beschreiben wir die Situation wieder abstrakt: <Schutz vor Kinder- und Hardcore-Pornographie> begründet eine Maßnahme damit, dass es zwei Ziele gibt, die erreicht werden sollen, und dass die Maßnahme dazu führt, dass die Ziele erreicht werden. Dies wäre aber keine besonders überzeugende Begründung, wenn es eine Alternativmaßnahme gäbe, mit der ebenfalls die Ziele erreicht werden könnten und die zugleich geeigneter (effektiver, günstiger, einfacher etc.) wäre. Machen wir diese unausgesprochene Voraussetzung explizit, so lässt sich <Erziehung effektiver> wie folgt interpretieren:

Tafel 1.21

[Zensurgebot]: Es gibt Fälle, in denen Gesetzgebung, die bestimmte Formen der Meinungsäußerung und -wiedergabe untersagt und sanktioniert, geboten ist.

  <+ <Schutz vor Kinder- und Hardcore-Pornographie>: Kinder- und Hardcore-Pornographie ist ein Fall, in dem Gesetzgebung geboten ist, die bestimmte Formen der Meinungsäußerung und -wiedergabe (nämlich die Wiedergabe der pornographischen Inhalte) untersagt und sanktioniert. Denn Kinder sowie junge Frauen und Männer müssen vor der Ausbeutung durch Pornographen geschützt werden; und die Gesellschaft als Ganzes sollte vor den schäbigen, ungesunden, unterdrückerischen und objektifizierenden Einstellungen zu Frauen und Sex geschützt werden, die von der Pornographie aufrechterhalten werden. Eine gesetzliche Zensur von Pornographie erreicht genau dies: sie schützt Kinder sowie junge Frauen und Männer vor der Ausbeutung und die Gesellschaft vor schäbigen Einstellungen. *Außerdem gibt es keine Alternativmaßnahme, die ebenfalls effektiv und zugleich geeigneter als die gesetzliche Zensur ist.*{quelle: Pro4}

    <- <Erziehung effektiver>: Es gibt einen effektiveren Schutz der (potentiellen) Rezipienten von Pornographie als die gesetzliche Zensur. Denn: Erziehung durch Eltern und Gemeinschaft bietet einen effektiveren Schutz als die gesetzliche Zensur. {quelle: Con4}

Es gibt noch eine Schwierigkeit mit dieser Analyse, die deutlicher zu Tage tritt, wenn wir das Pro-Argument in Standardform (mit drei Prämissen) darstellen.

```
<Schutz vor Kinder- und Hardcore-Pornographie> {quelle:
Pro4}
(1) Kinder sowie junge Frauen und Männer müssen vor der Aus-
    beutung durch Pornographen geschützt werden (Ziel 1);
    und die Gesellschaft als Ganzes sollte vor den schäbi-
    gen, ungesunden, unterdrückerischen und objektifizieren-
    den Einstellungen zu Frauen und Sex geschützt werden,
    die von der Pornographie aufrechterhalten werden (Ziel
    2).
(2) Eine gesetzliche Zensur von Pornographie erreicht genau
    dies: sie schützt Kinder sowie junge Frauen und Männer
    vor der Ausbeutung (Ziel 1) und sie schützt die Gesell-
    schaft vor schäbigen Einstellungen (Ziel 2).
(3) Außerdem gibt es keine Alternativmaßnahme, die - in Be-
    zug auf Ziel 1 *und* Ziel 2 - ebenfalls effektiv und
    zugleich geeigneter als die gesetzliche Zensur ist.
----
(4) Kinder- und Hardcore-Pornographie ist ein Fall, in dem
    Gesetzgebung geboten ist, die bestimmte Formen der Mei-
    nungsäußerung und -wiedergabe (nämlich die Wiedergabe
    der pornographischen Inhalte) untersagt und sanktio-
    niert.
```

Tafel 1.22

Gemäß bisheriger Interpretation bestreitet <Erziehung effektiver> die Prämisse (3) des obigen Arguments. Genau betrachtet ist das aber gar nicht der Fall. Denn Prämisse (3) besagt, dass es keine geeignetere Alternativmaßnahme gibt, mit der beide Ziele 1 und 2 effektiv erreicht werden; um dies zu bestreiten, muss man behaupten, dass es eine geeignetere Alternativmaßnahme gibt, mit der *beide Ziele 1 und 2* realisiert werden. Doch die Konklusion von <Erziehung effektiver> behauptet weniger, nämlich, dass es eine geeignetere Alternativmaßnahme gibt, mit der das *Ziel 2* effektiv realisiert wird. <Erziehung effektiver> sagt nichts über den Schutz vor Ausbeutung durch Pornographen (Ziel 1).

Was bedeutet das für unsere Interpretation? Uns stehen mehrere Optionen für das weitere Vorgehen zur Verfügung:

- *Strategie 1:* Der Einwand <Erziehung effektiver> läuft allem Anschein zum Trotz ins Leere und richtet sich tatsächlich nicht gegen das Pro-Argument.
- *Strategie 2:* Uns gelingt es, das Pro-Argument so umzuinterpretieren, dass deutlicher wird, wie sich der Einwand darauf bezieht.
- *Strategie 3:* Wir interpretieren den Einwand als Teil einer größeren Argumentation, die sich gegen eine Prämisse des Pro-Arguments richtet.

Als wohlwollende Interpreten sollten wir Option 1 nur dann als Ergebnis unserer Analyse ausgeben, wenn die Rekonstruktionsstrategien 2 und 3 scheitern (zum Prinzip des Wohlwollens s. auch die Maximen in Kap. 1.4).

Probieren wir es mit *Strategie 2*. Gibt es eine plausible Re-Interpretation von <Schutz vor Kinder- und Hardcore-Pornographie>? Abstrakt beschrieben läuft das Argument so: Eine Maßnahme wird damit begründet, dass (a) es zwei Ziele gibt, die beide geboten sind, dass (b) die Maßnahme dazu führt, dass beide Ziele erreicht werden, und dass (c) es keine geeignetere Alternativmaßnahme gibt, die sowohl das eine als auch das andere Ziel herbeiführt. Diese Beschreibung legt nahe, das Argument als *zwei unabhängige Begründungen* der Maßnahme zu interpretieren: Es gibt ein Ziel-1-Argument und ein weiteres Ziel-2-Argument. Konkret bedeutet das:

Tafel 1.23

<Schutz vor Ausbeutung> {quelle: Pro4}
(1) Kinder sowie junge Frauen und Männer müssen vor der Ausbeutung durch Pornographen geschützt werden (Ziel 1).
(2) Eine gesetzliche Zensur von Pornographie erreicht genau dies: sie schützt Kinder sowie junge Frauen und Männer vor der Ausbeutung (Ziel 1).
    <- <Zensur unwirksam>
(3) Außerdem gibt es keine Alternativmaßnahme, die – in Bezug auf Ziel 1 – ebenfalls effektiv und zugleich geeigneter als die gesetzliche Zensur ist.
----
(4) Kinder- und Hardcore-Pornographie ist ein Fall, in dem Gesetzgebung geboten ist, die bestimmte Formen der Meinungsäußerung und -wiedergabe (nämlich die Wiedergabe der pornographischen Inhalte) untersagt und sanktioniert.

<Schutz vor schäbigen Einstellungen> {quelle: Pro4}
(1) Die Gesellschaft als Ganzes sollte vor den schäbigen, ungesunden, unterdrückerischen und objektifizierenden Einstellungen zu Frauen und Sex geschützt werden, die von der Pornographie aufrechterhalten werden (Ziel 2).
(2) Eine gesetzliche Zensur von Pornographie erreicht genau dies: sie schützt die Gesellschaft vor schäbigen Einstellungen (Ziel 2).
    <- <Zensur unwirksam>
(3) Außerdem gibt es keine Alternativmaßnahme, die – in Bezug auf Ziel 2 – ebenfalls effektiv und zugleich geeigneter als die gesetzliche Zensur ist.
    <- <Erziehung effektiver>
----
(4) Kinder- und Hardcore-Pornographie ist ein Fall, in dem Gesetzgebung geboten ist, die bestimmte Formen der Meinungsäußerung und -wiedergabe (nämlich die Wiedergabe der pornographischen Inhalte) untersagt und sanktioniert.

Wie in den Standarddarstellungen notiert, fügen sich die bisher analysierten Einwände ganz nahtlos in diese Rekonstruktion ein. <Erziehung effektiver> richtet sich einzig gegen die Prämisse (3) des zweiten Pro-Arguments. Der Einwand <Zensur unwirksam> bestreitet hingegen – zumindest gemäß bisheriger Analyse – die Effektivitätsannahmen in beiden Argumenten (jeweils Prämisse 2).

Die Interpretation von <Erziehung effektiver> als Einwand gegen Prämisse (3) in <Schutz vor schäbigen Einstellungen> legt fest, wie die Konklusion des Einwands lauten muss, was uns wiederum erlaubt, die Darstellung jenes Arguments zu präzisieren.

<Schutz vor schäbigen Einstellungen>   Tafel 1.24
    <- <Erziehung effektiver>: Es gibt eine Alternativmaß-
       nahme, die – in Bezug auf den Schutz der Gesellschaft
       vor den schäbigen Einstellungen – ebenfalls effektiv
       und zugleich geeigneter als die gesetzliche Zensur
       ist. Denn: Erziehung durch Eltern und Gemeinschaft
       bietet einen effektiveren Schutz als die gesetzliche
       Zensur und ist zugleich geeigneter. {quelle: Con4}
        <+ <Immunisierung durch Erziehung>: Letztendlich werden
           pornographische Bilder und Filme keinen wirklich
           schädlichen Einfluss auf einen ausgeglichenen Geist
           haben, sondern nur auf diejenigen, die ohnehin aus
           anderen Gründen unausgeglichen sind. Die Eltern und
           die Gemeinschaft können Kinder aber so erziehen,
           dass sie gesunde Einstellungen haben und so vor Por-
           nographie geschützt sind. {quelle: Con4}

Das Argument <Immunisierung durch Erziehung> kann nun schlüssig als Stützung der in <Erziehung effektiver> genannten Prämisse verstanden werden.

Damit kommen wir zum *red herring*-Einwand <Kinderpornographie ohnehin illegal>: Dem Vorwurf, dass der Verweis auf Kinderpornographie in die Irre führt. Die ursprüngliche Interpretationshypothese lautete, dass es sich um einen Einwand gegen das Pro-Argument <Schutz vor Kinder- und Hardcore-Pornographie> handelt – allerdings analysieren wir das Pro-Argument inzwischen als zwei verschiedene Argumente. Lässt sich der Einwand <Kinderpornographie ohnehin illegal> auf eines dieser Argumente beziehen? Offenkundig ja, denn der Einwand behauptet, contra Prämisse (3) in <Schutz vor Ausbeutung>, dass es sehr wohl eine Alternativmaßnahme gibt, die ebenfalls effektiv und zugleich geeigneter als die gesetzliche Zensur ist: nämlich die konsequente Umsetzung bestehender Gesetze, denen zufolge Kinderpornographie illegal ist.

Die Bemerkung im Text, dass der »Verweis auf Kinderpornographie [...] hier in die Irre [führt]« (s. o.), begründet dabei nicht die Konklusion des Einwands. Es handelt sich vielmehr um einen Hinweis zum Status und zur Funktion des Einwands. Diesem Hinweis auf der Metaebene trägt unsere Interpretation Rechnung, indem die Überlegung als Einwand gegen das Ausbeutungs-Argument, das auf Kinderpornographie Bezug nimmt, gedeutet wird.

Tafel 1.25
```
<Schutz vor Ausbeutung>
  <- <Kinderpornographie ohnehin illegal>: Es gibt eine Al-
     ternativmaßnahme, die - in Bezug auf den Schutz vor
     Ausbeutung durch Pornographen - ebenfalls effektiv und
     zugleich geeigneter als die gesetzliche Zensur ist,
     nämlich die konsequente Umsetzung bestehender Gesetze.
     Denn Kinderpornographie ist bereits gesetzlich unter-
     sagt und es werden keine weiteren Zensurgesetze benö-
     tigt, um sie zu bekämpfen. {quelle: Con4}
<Schutz vor schäbigen Einstellungen>
  <- <Erziehung effektiver>
```

Die Tatsache, dass sich der *red herring*-Vorwurf problemlos in unsere bisherige Rekonstruktion integrieren lässt, kann als weitere Bestätigung des Interpretationsansatzes gewertet werden.

Weil wir – gemäß *Strategie 2* – das zentrale Pro-Argument als zwei voneinander unabhängige Argumente uminterpretieren, gelingt es, sämtliche Überlegungen im hier analysierten Ausschnitt der Beispieldebatte als dialektisch aufeinander bezogene Argumente zu rekonstruieren. Im Zuge dieser Analyse haben wir die einzelnen Argumente deutlich präzisiert.

Weiter oben, im Anschluss an Tafel 1.22, wurde noch eine dritte Interpretationsmöglichkeit skizziert. *Strategie 3* besteht darin, den Einwand <Erziehung effektiver> als Teil einer größeren Argumentation zu deuten, die sich gegen Prämisse (3) des Pro-Arguments <Schutz vor Kinder- und Hardcore-Pornographie> richtet. Folgen wir kurz dieser Alternativstrategie.

Laut Prämisse (3) des Pro-Arguments <Schutz vor Kinder- und Hardcore-Pornographie>, gibt es keine Alternativmaßnahme, die – in Bezug auf Ziel 1 *und* Ziel 2 – ebenfalls effektiv und zugleich geeigneter als die gesetzliche Zensur ist. Das Argument <Kinderpornographie ohnehin illegal> begründet, dass es eine Alternativmaßnahme 1 gibt, die bzgl. Ziel 1 geeigneter und effektiver ist. Das Argument <Erziehung effektiver> begründet, dass es eine Alternativmaßnahme 2 gibt, die bzgl. Ziel 2 geeigneter und effektiver ist. Daraus scheint aber zu folgen, dass das Maßnahmenbündel selbst, bestehend aus Alternativmaßnahme 1 und Alternativmaßnahme 2, bzgl. der Ziele 1 *und* 2 effektiver und geeigneter als die gesetzliche Zensur ist – im Widerspruch zur Prämisse (3) des Arguments <Schutz vor Kinder- und Hardcore-Pornographie>.

Auch die *Strategie 3* erlaubt es uns demnach, den Ausschnitt der Debatte als eine sinnvoll aufeinander bezogene Argumentation zu interpretieren:

Tafel 1.26
```
[Zensurgebot]: Es gibt Fälle, in denen Gesetzgebung,
die bestimmte Formen der Meinungsäußerung und -wieder-
gabe untersagt und sanktioniert, geboten ist.
```

```
<+<Schutz vor Kinder- und Hardcore-Pornographie>
  <-<Geeigneteres Maßnahmenbündel>: Es gibt eine
    Alternativmaßnahme (ein Bündel von Maßnahmen),
    die – in Bezug auf Ziel 1 *und* Ziel 2 – eben-
    falls effektiv und zugleich geeigneter als die
    gesetzliche Zensur ist. Denn erstens gibt es
    eine geeignetere und effektive Alternativmaß-
    nahme in Bezug auf Ziel 1. Und zweitens gibt es
    eine geeignetere und effektive Alternativmaß-
    nahme in Bezug auf Ziel 2.
    <+<Kinderpornographie ohnehin illegal>: Es gibt
      eine Alternativmaßnahme, die – in Bezug auf
      den Schutz vor Ausbeutung durch Pornographen
      – ebenfalls effektiv und zugleich geeigneter
      als die gesetzliche Zensur ist, nämlich die
      konsequente Umsetzung bestehender Gesetze.
      Denn Kinderpornographie ist bereits gesetz-
      lich untersagt und wir benötigen keine weite-
      ren Zensurgesetze, um sie zu bekämpfen.
    <+<Erziehung effektiver>: Es gibt es eine Al-
      ternativmaßnahme, die – in Bezug auf den
      Schutz der Gesellschaft vor schäbigen Ein-
      stellungen – ebenfalls effektiv und zugleich
      geeigneter als die gesetzliche Zensur ist.
      Denn: Erziehung durch Eltern und Gemeinschaft
      bietet einen effektiveren Schutz als die ge-
      setzliche Zensur und ist zugleich geeigneter.
      <+<Immunisierung durch Erziehung>
```

Damit haben wir zwei verschiedene Rekonstruktionen entwickelt, die beim jetzigen Stand als gleichermaßen plausible Interpretationen des Debattenausschnitts gelten können.

Die Rekonstruktionsansätze *Strategie 2* und *Strategie 3* unterscheiden sich im Kern darin, wie die einzelnen Argumente ›zugeschnitten‹ werden. Sie beantworten die Fragen, welche Prämissen zu ein und demselben Argument gehören, und welche in verschiedene Argumente eingehen, unterschiedlich. Nach *Strategie 2* gehören zum Beispiel die zwei Zielsetzungsprämissen zu ein und demselben Argument, nach *Strategie 3* hingegen nicht.

In der argumentationstheoretischen Literatur werden sehr einfache, idealtypische Muster unterschieden, die das jeweils unterschiedliche Zusammenwirken mehrerer Prämissen in der Begründung einer Konklusion charakterisieren (Snoeck Henkemans 2000).

Die Aussagen P_1, P_2 usw. bilden einen *Begründungsverbund* (*linked argumentation*) zugunsten der Konklusion K, wenn die Aussagen Prämissen ein und desselben Arguments mit der Konklusion K sind.

```
[Konklusion]
   <+   <Argument>
        <+   [Prämisse 1]
        <+   [Prämisse 2]
        <+   [Prämisse 3]
```

Die Aussagen P$_1$, P$_2$ usw. bilden eine *parallele Argumentation* zugunsten der Konklusion K, wenn die Aussagen Prämissen je verschiedener Argumente mit der Konklusion K sind.

```
[Konklusion]
   <+   <Argument 1>
        <+   [Prämisse 1]
   <+   <Argument 2>
        <+   [Prämisse 2]
   <+   <Argument 3>
        <+   [Prämisse 3]
```

Die Aussagen P$_1$, P$_2$ usw. bilden eine *serielle Argumentation* zugunsten der Konklusion K, wenn die Aussagen Prämissen je verschiedener Argumente in einer Stützungskette zugunsten K sind.

```
[Konklusion]
   <+   <Argument 1>
        <+   [Prämisse 1]
             <+   <Argument 2>
                  <+   [Prämisse 2]
                       <+   <Argument 3>
                            <+   [Prämisse 3]
```

Welche dieser Strukturen einem gegebenen argumentativen Gedankengang zu Grunde liegt, lässt sich erst anhand der Resultate eines Rekonstruktionsprozesses entscheiden. Unsere Beispielanalyse zeigt ferner, dass es Begründungsgänge gibt, die sich sowohl als Begründungsverbund als auch als parallele Argumentation gleichermaßen plausibel interpretieren lassen.

1.4 | Argumente logisch analysieren und detailliert rekonstruieren

Indem wir uns zwangen, die Kontroverse als Argumentkarte zu rekonstruieren, haben wir unser Vorgehen systematisiert und konnten uns ein viel genaueres Bild der Argumente und ihrer Zusammenhänge verschaffen. In einem wichtigen Punkt haben wir uns dabei aber weiterhin auf unsere logische Urteilskraft und unser implizites Wissen verlassen – nämlich in Bezug auf das Bestehen einer Begründungsbeziehung zwischen den Prämissen eines Arguments und seiner Konklusion. Ob aus gegebenen Prämissen tatsächlich eine Konklusion folgt, ob in eine solche Begründung weitere unausgesprochene Prämissen eingehen und ob zur Begründung der Konklusion jede der aufgeführten Prämissen erforderlich ist, das ist für das Verständnis einer Argumentation elementar. Ganz allgemein gilt: Wer sich in solchen Fragen fortwährend irrt, kann nicht von sich behaupten, Argumente zu verstehen. Und insbesondere ist es für die Erstellung einer Argumentkarte bedeutsam, zu erkennen, welche Prämissen genau in einem Argument vorausgesetzt werden; denn davon hängt ab, ob sich Argumente stützend und angreifend aufeinander beziehen oder nicht.

Zur weiteren Systematisierung unseres Vorgehens werden wir von nun an versuchen, jedes Argument so zu rekonstruieren, dass gilt:

1. aus den genannten Prämissen folgt zwingend die Konklusion;
2. jede der Prämissen ist für die zwingende Begründung der Konklusion erforderlich.

Das erste Kriterium verlangt, dass Argumente als deduktiv gültig rekonstruiert werden. Das zweite Kriterium fordert, dass alle Prämissen in einem Argument relevant sind.

Beide Kriterien bilden eine Interpretationsmaxime, der hier *rekonstruktiver Deduktivismus* genannt wird.

Einzelne Argumente sollten so rekonstruiert werden, dass die Konklusion zwingend aus den Prämissen folgt und jede Prämisse für den Schluss auf die Konklusion erforderlich ist (**rekonstruktiver Deduktivismus**).

Maxime

Für diese Maxime sprechen verschiedene Gründe:

1. Mit dem Nachweis der deduktiven Gültigkeit ist zweifellos erwiesen, dass zwischen Prämissen und Konklusion eine geeignete Begründungsbeziehung besteht.
2. Es gibt bewährte Verfahren, um nachzuweisen, dass ein Argument (a) deduktiv gültig bzw. (b) deduktiv ungültig ist.
3. Der rekonstruktive Deduktivismus zwingt zu einer sehr sorgfältigen und zugleich fruchtbaren Analyse der Argumente, im Laufe derer sich entdecken lässt, welche impliziten Annahmen in einem Argument vorausgesetzt werden.

Zur Vertiefung

Der *rekonstruktive Deduktivismus* ist eine Rekonstruktionsanweisung und als solche Bestandteil einer Methode zur Interpretation von Texten in argumentativer Hinsicht (für eine kritische Einordnung vgl. Govier 2018, 50 ff.).

Diese Methode unterstellt nicht, dass es möglich ist, jedes beliebige Argument plausibel und überzeugend als ein deduktives Argument zu rekonstruieren. Rekonstruktiver Deduktivismus besagt: Man sollte es zunächst versuchen. Und erst wenn dies nicht gelingt – und man zugleich nicht bereit ist, das Argument als fehlschlüssig zu betrachten –, erst dann müssen alternative Theorien nicht-deduktiver Begründung bemüht werden (die jedoch allesamt philosophisch umstritten sind – man vergleiche die Einträge »inductive logic«, »non-monotonic logic« und »informal logic« der *Stanford Encyclopaedia of Philosophy*).

Als Interpretationsmaxime stellt der rekonstruktive Deduktivismus auch keine erkenntnistheoretische These und insbesondere kein Rationalitätsprinzip dar. Es wird beispielsweise nicht behauptet, dass die Überzeugung, dass p, nur dann gut begründet ist, wenn man ein deduktives Argument zugunsten von p anführen kann. Ebenso wenig wird behauptet, dass eine Meinungsänderung bezüglich p nur dann rational ist, wenn sie aufgrund eines deduktiven Arguments geboten ist.

In Kapitel 2.5 wird die hier angedeutete Problematik aufgegriffen und veranschaulicht.

Gehen wir nun die bisher analysierten Argumente erneut durch und prüfen wir, ob die Konklusionen aus den jeweils genannten Prämissen folgen. Wir starten mit unserer Interpretation nach *Strategie 3* (s. Tafel 1.26) und dort – gemäß der Maxime, von innen nach außen zu rekonstruieren – mit dem zentralen Pro-Argument zugunsten des Zensurgebots, das hier nochmals abgedruckt ist:

Tafel 1.27

```
<Schutz vor Kinder- und Hardcore-Pornographie> {quelle:
Pro4}
(1) Kinder sowie junge Frauen und Männer müssen vor der
    Ausbeutung durch Pornographen geschützt werden (Ziel
    1); und die Gesellschaft als Ganzes sollte vor den
    schäbigen, ungesunden, unterdrückerischen und objekti-
    fizierenden Einstellungen zu Frauen und Sex geschützt
    werden, die von der Pornographie aufrechterhalten wer-
    den (Ziel 2).
(2) Eine gesetzliche Zensur von Pornographie erreicht genau
    dies: sie schützt Kinder sowie junge Frauen und Männer
    vor der Ausbeutung (Ziel 1) und sie schützt die Gesell-
    schaft vor schäbigen Einstellungen (Ziel 2).
(3) Außerdem gibt es keine Alternativmaßnahme, die - in Be-
    zug auf Ziel 1 und Ziel 2 - ebenfalls effektiv und zu-
    gleich geeigneter als die gesetzliche Zensur ist.
----
(4) Kinder- und Hardcore-Pornographie ist ein Fall, in dem
    Gesetzgebung geboten ist, die bestimmte Formen der Mei-
    nungsäußerung und -wiedergabe (nämlich die Wiedergabe
    der pornographischen Inhalte) untersagt und sanktio-
    niert.
    +> [Zensurgebot]: Es gibt Fälle, in denen Gesetzgebung,
       die bestimmte Formen der Meinungsäußerung und -wie-
       dergabe untersagt und sanktioniert, geboten ist.
```

Die deduktive Gültigkeit eines Arguments erkennt man an seiner Form (s. Kasten).

Zur Vertiefung

Den Übergang von Prämissen zu einer Konklusion nennt man *Schluss*. Argumente sind genau dann deduktiv gültig, wenn all ihre Teilschlüsse deduktiv gültig sind.

Dass ein Schluss von Prämissen auf die Konklusion deduktiv gültig ist – d. h., dass es nicht möglich ist, dass die Prämissen wahr sind und die Konklusion zugleich falsch ist –, lässt sich nachweisen, indem man aufzeigt, dass dem Schluss ein *gültiges Schlussmuster* zugrunde liegt. Ein Beispiel für ein Schlussmuster:

```
(1) Es ist geboten, dass *Z*.
(2) *Z* nur dann, wenn *M*.
----
(3) Es ist geboten, dass *M*.
```

Ein Schlussmuster ist genau dann deduktiv gültig, wenn gilt: Ganz gleich, welche syntaktisch zulässigen Einsetzungen man vornimmt, man erhält unter keinen Umständen eine Instanz des Musters mit wahren Prämissen und falscher Konklusion.

Dass ein Schlussmuster deduktiv gültig ist, liegt an der Bedeutung der Ausdrücke, die in dem Muster neben den Platzhaltern vorkommen. Diese Ausdrücke bestimmen die Form des Musters und heißen *Formwörter*. Die Formwörter im obigen Beispielschema sind »nur dann, wenn« und »es ist geboten, dass«. Aufgrund der Bedeutung dieser Wörter ist das Schlussmuster deduktiv gültig; es ist logisch-begrifflich unmöglich, dass die Prämissen eines Arguments dieser Form wahr sind und die Konklusion falsch ist.

Logische Schlussmuster sind solche, in denen nur ganz bestimmte, themenunabhängige Formwörter (wie »und«, »wenn, dann«, »nicht«, »alle«) verwendet werden. Ein Schluss, dem eine gültige logische Schlussregel zugrunde liegt, heißt *formal gültig*. (*Material gültig* nennt man einen Schluss, der zwar deduktiv gültig, aber nicht formal gültig ist.) Ein Beispiel für ein gültiges logisches Schlussmuster:

```
(1) Wenn *P*, dann *Q*
(2) nicht-*Q*
--
Folgt mit Modus tollens
--
(3) nicht-*P*
```

Während es zum Nachweis der deduktiven Gültigkeit eines Arguments ausreicht, zu zeigen, dass es durch Einsetzung aus einem gültigen Schlussmuster gewonnen werden kann, ist es zum Nachweis der Ungültigkeit des Arguments nicht hinreichend, zu zeigen, dass dem Argument ein ungültiges Schema zugrunde liegt. (Denn ein Argument kann verschiedene Schemata realisieren; ein Argument kann zum Beispiel aussagenlogisch ungültig, aber prädikatenlogisch gültig sein.) Um zu zeigen, dass ein Argument nicht deduktiv gültig ist, beschreibt man ein logisch-

> begrifflich konsistentes Szenario, in dem die Prämissen des Arguments wahr, die Konklusion aber falsch wird. Dass etwa dieser Schluss
>
> ```
> (1) Zoe ist größer als Ada.
> (2) Zoe ist größer als Bea.
> ----
> (3) Ada ist größer als Bea.
> ```
>
> ungültig ist, wird mit folgendem Szenario nachgewiesen: Zoe ist ein Elefant, Ada ein Pinguin und Bea ein Walross.

Den Gedankengang des Pro-Arguments haben wir oben bereits mehrfach ›abstrakt‹ beschrieben. Dabei haben wir nichts anderes als seine Form umrissen, die sich jetzt wie folgt notieren lässt:

Tafel 1.28

```
<Praktischer Syllogismus (Optimalitätsvariante)>
(1) Es ist geboten, dass Sachverhalt Z. /*Zwecksetzungsprä-
    misse*/
(2) Maßnahme M führt dazu, dass Z besteht. /*Effektivitäts-
    prämisse*/
(3) Es gibt keine Alternativmaßnahme M', die dazu führt,
    dass Z besteht, und die geeigneter ist als M. /*Aus-
    schlussprämisse*/
----
(4) Die Maßnahme M ist geboten.
```

Argumente dieser Form sind deduktiv gültig. Ganz gleich, welchen Sachverhalt man für Platzhalter Z und welche Maßnahme man für Platzhalter M einsetzt: Es ist ausgeschlossen, dass jede Prämisse eines solchen Arguments wahr, seine Konklusion aber falsch ist. Nehmen wir zu Illustrationszwecken an, dass eine bestimmte Maßnahme dazu führt, ein Ziel zu erreichen, dass es keine anderen Wege gibt, dieses Ziel zu erreichen, dass die Maßnahme aber gleichwohl nicht geboten ist (etwa weil sie inakzeptable Nebenfolgen hat). In dieser Situation (zwei Prämissen sind wahr, die Konklusion ist falsch) gibt man folgerichtig aber auch das Ziel auf (die weitere Prämisse ist falsch): Solange man das beste Mittel zum Erreichen eines Ziels nicht für geboten hält, hält man auch das Erreichen des Ziels selbst nicht für geboten.

Durch präzisierende Reformulierung der Prämissen und Konklusion unseres Arguments können wir noch deutlicher machen, mit welchem Argumentationsschema die Konklusion erschlossen wird.

Neben inhaltlichen Präzisierungen können auch sprachliche Vereinfachungen, die die Bedeutung der Aussagen unberührt lassen, ein Argument transparenter machen. So werden wir im Folgenden auf die zwei Ziele in Prämisse (1) – anstatt sie vollständig und detailliert zu beschreiben – mit »Schutz vor Ausbeutung« und »Schutz vor Subversion« verweisen. Eine weitere begriffliche Vereinfachung besteht darin, die gesetzliche Zensur von Kinder- und Hardcore-Pornographie als »Hardcore-Pornographie-Zensur« zu bezeichnen.

```
<Schutz vor Kinder- und Hardcore-Pornographie>                    Tafel 1.29
(1)  Es ist geboten, dass ein Schutz vor Ausbeutung und ein
     Schutz vor Subversion besteht.
(2)  Die Hardcore-Pornographie-Zensur führt dazu, dass ein
     Schutz vor Ausbeutung und ein Schutz vor Subversion be-
     steht.
     <-  <Zensur unwirksam>
(3)  Es gibt keine Alternativmaßnahme, die dazu führt, dass
     Schutz vor Ausbeutung und Schutz vor Subversion beste-
     hen, und die geeigneter als die Hardcore-Pornographie-
     Zensur ist.
     <-  <Geeigneteres Maßnahmenbündel>
--
Praktischer Syllogismus (Optimalitätsvariante)
--
(4)  Die Hardcore-Pornographie-Zensur ist geboten.
     +>  [Zensurgebot]: Es gibt Fälle, in denen Gesetz-
         gebung, die bestimmte Formen der Meinungsäußerung
         und -wiedergabe untersagt und sanktioniert, geboten
         ist.
```

Es ist nun transparent, dass das Argument deduktiv gültig ist. – Aber es
erfüllt nicht mehr seine intendierte dialektische Funktion: Die Konklusion
(4) ist nicht mehr identisch mit der zentralen These [Zensurgebot].
Prinzipiell gibt es drei Möglichkeiten, mit dem neu entstandenen Problem
umzugehen:

1. Wir reformulieren die zentrale These und passen sie an die Konklusion
   (4) an. Nachteil: Änderungen im Kern der Rekonstruktion einer Debatte können unabsehbare Auswirkungen auf die Analyse aller anderen Argumente haben.
2. Wir reformulieren die Konklusion (4) und passen sie an die zentrale
   These an. Nachteil: Damit müssten wir auch die Prämissen des Arguments ändern oder seine Struktur oder beides.
3. Wir deuten (4) als bloße Zwischenkonklusion, die auf transparente
   Weise aus (1) bis (3) erschlossen wird und die selbst in einen weiteren
   Schluss auf die Konklusion eingeht. Die (finale) Konklusion des Arguments ist das partikuläre Zensurgebot.

Aufgrund der Nachteile von 1 und 2 beschreiten wir den dritten Weg. Am
unspektakulärsten ist dies zu bewerkstelligen, indem eine Subjunktion,
d. h. ein Wenn-Dann-Satz ergänzt wird, so dass mit Modus ponens von (4)
und der ergänzten Prämisse auf [Zensurgebot] geschlossen werden kann:

```
(4)  Die Hardcore-Pornographie-Zensur ist geboten.                Tafel 1.30
(5)  Wenn die Hardcore-Pornographie-Zensur geboten ist, dann
     gibt es Fälle, in denen Gesetzgebung, die bestimmte
     Formen der Meinungsäußerung und -wiedergabe untersagt
     und sanktioniert, geboten ist.
--
```

```
Modus ponens
--
(6) [Zensurgebot]: Es gibt Fälle, in denen Gesetzgebung,
    die bestimmte Formen der Meinungsäußerung und -wieder-
    gabe untersagt und sanktioniert, geboten ist.
```

Etwas eleganter und den logischen Zusammenhang von (4) und (6) besser verdeutlichend schließt man prädikatenlogisch:

Tafel 1.31
```
(4) Die Hardcore-Pornographie-Zensur ist geboten.
    /*Geboten: Maßnahme z*/
(5) Die Hardcore-Pornographie-Zensur ist eine Gesetzgebung,
    die bestimmte Formen der Meinungsäußerung und -wieder-
    gabe untersagt und sanktioniert.
    /*Maßnahme z ist von der Art F*/
--
Konjunktions- und Existenzeinführung
--
(6) [Zensurgebot]: Es gibt Gesetzgebung, die bestimmte For-
    men der Meinungsäußerung und -wiedergabe untersagt und
    sanktioniert, und die geboten ist.
    /*(Es gibt ein x): x ist von der Art F und x ist gebo-
    ten*/
```

Diese prädikatenlogische Rekonstruktion führt außerdem zu einer plausiblen Vereinfachung der zentralen These.

Rekonstruieren wir als Nächstes die Einwände gegen <Schutz vor Kinder- und Hardcore-Pornographie>: die Argumente <Zensur unwirksam> und <Geeigneteres Maßnahmenbündel>.

<Zensur unwirksam> richtet sich gegen Prämisse (2) (s. Tafel 1.29). Damit ist die Konklusion vorgegeben und wir können als ersten Rekonstruktionsversuch festhalten:

Tafel 1.32
```
<Zensur unwirksam>
(1) Eine gesetzliche Zensur von Pornographie ist unwirksam:
    sie schützt weder Kinder und junge Frauen und Männer
    vor der Ausbeutung noch die Gesellschaft vor schäbigen
    Einstellungen. Denn gesetzliche Zensur wird die Rezep-
    tion von Pornographie nicht beeinflussen. Denn Leute,
    auch Kinder und Jugendliche, werden Pornographie immer
    in die Hände bekommen, sodenn sie es wirklich wollen.
----
(2) Es ist nicht der Fall, dass Hardcore-Pornographie-Zen-
    sur dazu führt, dass ein Schutz vor Ausbeutung und ein
    Schutz vor Subversion besteht.
```

In Prämisse (1) wird im ersten Satz die Konklusion wiederholt; dieser Satz gehört nicht zur Begründung der Konklusion, er kann gestrichen werden. Als Begründung wird dann angeführt, dass Zensur die Rezeption von Pornographie nicht beeinflusst, was wiederum selbst damit begründet wird, dass Zensurgesetze leicht umgangen werden können. Das ist ein Gedankengang in zwei Schritten. So bietet es sich an, das Argument ganz analog in zwei Teilschlüsse zu zergliedern.

Tafel 1.33

```
<Zensur unwirksam>
(1) Leute, auch Kinder und Jugendliche, werden Pornographie
    immer in die Hände bekommen, sodenn sie es wirklich
    wollen.
----
(2) Die gesetzliche Zensur wird die Rezeption von Pornogra-
    phie nicht beeinflussen.
----
(3) Es ist nicht der Fall, dass Hardcore-Pornographie-Zen-
    sur dazu führt, dass ein Schutz vor Ausbeutung und ein
    Schutz vor Subversion besteht.
```

Maxime

> Bei der Analyse eines umfangreichen Arguments sollte man das Argument in mehrere ineinandergreifende Teilargumente zergliedern, so dass
> 1. jede in einem Teilargument erschlossene Zwischenkonklusion in ein weiteres Teilargument (In der Funktion einer Prämisse im entsprechenden Schluss) eingeht;
> 2. jede für das Argument relevante Begründungsbeziehung als Teilschluss rekonstruiert wird (und nicht innerhalb ein und derselben Aussage des Arguments artikuliert wird).

Wie gehabt zäumen wir das Pferd von hinten auf. Der Schluss von (2) auf (3) ist nicht deduktiv gültig. Und es ist nicht offenkundig, wie dieser Schluss zu reparieren ist. Denn scheinbar behauptet die Konklusion, dass Zensur in Bezug auf zwei verschiedene Ziele ineffektiv sei (eine Fehlinterpretation, die im Laufe der weiteren Analyse korrigiert wird); in (2) ist aber nur von einem dieser Ziele die Rede. (2) begründet zwar – intuitiv betrachtet –, dass Zensur die Gesellschaft nicht vor schäbigen Einstellungen schützt, aber wie sollte (2) nachweisen, dass Zensur hinsichtlich des Schutzes vor Ausbeutung ineffektiv ist? – Der Gedanke könnte dieser sein: Die Zensur bestimmter Inhalte hat höchstens dann Auswirkungen auf die Produktion der Inhalte, wenn sie effektiv die Rezeption der Inhalte verringert. Fügen wir diesen Puzzlestein ein, ergänzen entsprechende verknüpfende Prämissen und nehmen, um der Transparenz willen, weitere Zwischenkonklusionen hinzu:

Tafel 1.34

```
<Zensur unwirksam>
(2) Die Hardcore-Pornographie-Zensur wird die Rezeption von
    Pornographie nicht beeinflussen.
(3) Die Hardcore-Pornographie-Zensur führt nur dann dazu,
    dass ein Schutz vor Subversion besteht, wenn sie die
    Rezeption von Pornographie beeinflusst.
--
```

```
Folgt mit Modus tollens aus (2) und (3)
--
(4) Die Hardcore-Pornographie-Zensur führt nicht dazu, dass
    ein Schutz vor Subversion besteht.
(5) Die gesetzliche Zensur bestimmter Inhalte hat höchstens
    dann Auswirkungen auf die Produktion der Inhalte, wenn
    sie effektiv die Rezeption der Inhalte verringert.
(6) Die Hardcore-Pornographie-Zensur führt nur dann dazu,
    dass ein Schutz vor Ausbeutung besteht, wenn sie die
    Produktion von Pornographie verringert.
--
Folgt aus (2), (5) und (6)
--
(7) Die Hardcore-Pornographie-Zensur führt nicht dazu, dass
    ein Schutz vor Ausbeutung besteht.
--
Folgt aus (4) und (7)
--
(8) Es ist nicht der Fall, dass die Hardcore-Pornographie-
    Zensur dazu führt, dass ein Schutz vor Ausbeutung und
    ein Schutz vor Subversion besteht.
```

Um die Form der Schlüsse kenntlich zu machen, passen wir die Formulierungen einander an: In (6) ist zum Beispiel davon die Rede, dass Rezeption und Produktion »verringert« werden – in (2) und anderen Aussagen wird aber unspezifischer nur von »beeinflussen« gesprochen. Und um den Schluss auf (7) zu verstehen, buchstabieren wir die Zensurmaßnahme wieder aus.

Tafel 1.35

```
(2) Die gesetzliche Zensur von Kinder- und Hardcore-Porno-
    graphie wird die Rezeption von Kinder- und Hardcore-
    Pornographie nicht verringern.
    // non Ga
    // a: Kinder- und Hardcore-Pornographie
    // G#: gesetzliche Zensur von # verringert die Rezep-
    tion von #
(3) Die gesetzliche Zensur von Kinder- und Hardcore-Porno-
    graphie führt nur dann dazu, dass ein Schutz vor Sub-
    version besteht, wenn sie Rezeption von Kinder- und
    Hardcore-Pornographie verringert.
--
Folgt mit Modus tollens aus (2) und (3)
--
(4) Die gesetzliche Zensur von Kinder- und Hardcore-Porno-
    graphie führt nicht dazu, dass ein Schutz vor Subver-
    sion besteht.
(5) Die gesetzliche Zensur von *x* hat höchstens dann Aus-
    wirkungen auf die Produktion von *x*, wenn sie die Re-
    zeption *x* verringert.
```

```
    // (Für alle x:) Fx -> Gx
    // F#: gesetzliche Zensur von # verringert die Produk-
    tion von #
(6) Die gesetzliche Zensur von Kinder- und Hardcore-Porno-
    graphie führt nur dann dazu, dass ein Schutz vor Aus-
    beutung besteht, wenn sie die Produktion von Pornogra-
    phie verringert.
    // Ha -> Fa
    // H#: # führt dazu, dass Kinder sowie junge Frauen und
    Männer vor der Ausbeutung durch Pornographen geschützt
    werden
--
Folgt aus (2), (5) und (6) mit Allspezialisierung und 2-mal
Modus tollens

(7) Die gesetzliche Zensur von Kinder- und Hardcore-Porno-
    graphie führt nicht dazu, dass ein Schutz vor Ausbeu-
    tung besteht.
    // non Ha
(8) Wenn etwas nicht dazu führt, dass *p*, und etwas nicht
    dazu führt, dass *q*, dann führt es nicht dazu, dass
    beides gilt, *p* und *q*.
--
Folgt aus (4), (7) und (8) mit Allspezialisierung und Modus
ponens
--
(9) Es ist nicht der Fall, dass die gesetzliche Zensur von
    Kinder- und Hardcore-Pornographie dazu führt, dass ein
    Schutz vor Ausbeutung und ein Schutz vor Subversion be-
    steht.
```

Wir haben hier mit (8) eine weitere (unproblematische) verknüpfende Prämisse eingefügt, mit der der Schluss auf die finale Konklusion formal gültig wird. Sind die Antezedensbedingungen in (8) aber nicht unnötig stark? Denn es gilt doch sogar: Wenn eine Maßnahme nicht dazu führt, dass p, dann führt sie auch nicht dazu, dass p und q. (Das nicht zu sehen, führte zu unserer anfänglichen Fehlinterpretation). Mit diesem gleichermaßen plausiblem Prinzip benötigen wir indes nur eine der beiden Zwischenkonklusionen (4) und (7), um auf die finale Konklusion zu schließen. Eines der zwei Teilargumente ist überflüssig. Das bedeutet aber, dass wir hier tatsächlich nicht *ein* Argument, das aus zwei Teilen besteht, vor uns haben, sondern *zwei verschiedene* Argumente mit identischer Konklusion: Das erste Argument besteht und (2), (3), (4), (8') und Konklusion (9); das zweite Argument, das im Folgenden neu nummeriert abgedruckt ist, aus (2), (5), (6), (7), (8') sowie (9).

Tafel 1.36   <Zensur unwirksam-2>
(1) [Keine Rezeptionsverringerung]: Die gesetzliche Zensur
     von Kinder- und Hardcore-Pornographie wird die Rezep-
     tion von Kinder- und Hardcore-Pornographie nicht ver-
     ringern.
     // non Ga
     // a: Kinder- und Hardcore-Pornographie
     // G#: gesetzliche Zensur von # verringert die Rezep-
     tion von #
(2) Die gesetzliche Zensur von *x* hat höchstens dann Aus-
     wirkungen auf die Produktion von *x*, wenn sie die Re-
     zeption von *x* verringert.
     // (Für alle x:) Fx -> Gx
     // F#: gesetzliche Zensur von # verringert die Produk-
     tion von #
(3) Die gesetzliche Zensur von Kinder- und Hardcore-Porno-
     graphie führt nur dann dazu, dass ein Schutz vor Aus-
     beutung besteht, wenn sie die Produktion von Pornogra-
     phie verringert.
     // Ha -> Fa
     // H#: # führt dazu, dass Kinder sowie junge Frauen und
     Männer vor der Ausbeutung durch Pornographen geschützt
     werden
     --
Folgt aus (1), (2) und (3) mit Allspezialisierung und 2-mal
Modus tollens
     --
(4) Die gesetzliche Zensur von Kinder- und Hardcore-Porno-
     graphie führt nicht dazu, dass ein Schutz vor Ausbeu-
     tung besteht.
     // non Ha
(5) Wenn etwas dazu führt, dass *p* und *q*, dann führt es
     dazu, dass *p*.
     --
Folgt aus (4) und (5) mit Allspezialisierung, Kontraposition und Modus ponens
     --
(6) Es ist nicht der Fall, dass die gesetzliche Zensur von
     Kinder- und Hardcore-Pornographie dazu führt, dass ein
     Schutz vor Ausbeutung und ein Schutz vor Subversion be-
     steht.

Die These [Keine Rezeptionsverringerung] geht als jeweils erste Prämisse in beide Unwirksamkeitsargumente ein. Die Analyse der Begründung jener Aussage steht noch aus. Eine einfache Rekonstruktion des
Arguments lautet:

<Zensur leicht umgehbar>

Tafel 1.37

(1) Jeder kann sogar illegale Kinder- und Hardcore-Porno-
    graphie in die Hände bekommen (sodenn man es wirklich
    will).
(2) Die gesetzliche Zensur von Kinder- und Hardcore-Porno-
    graphie wird die Rezeption von Kinder- und Hardcore-
    Pornographie nur verringern, wenn nicht jeder sogar il-
    legale Kinder- und Hardcore-Pornographie in die Hände
    bekommen kann (sodenn man es wirklich will).
----
(3) [Keine Rezeptionsverringerung]: Die gesetzliche Zensur
    von Kinder- und Hardcore-Pornographie wird die Rezep-
    tion von Kinder- und Hardcore-Pornographie nicht ver-
    ringern.

Die dialektische Struktur dieser Einwände liest sich somit wie folgt:

[Zensurgebot]

Tafel 1.38

```
    <+ <Schutz vor Kinder- und Hardcore-Pornographie>
      <- <Zensur unwirksam-1>
        <+ [Keine Rezeptionsverringerung]
          <+ <Zensur leicht umgehbar>
      <- <Zensur unwirksam-2>
        <+ [Keine Rezeptionsverringerung]
          <+ <Zensur leicht umgehbar>
```

Damit ist die Rekonstruktion des Einwands <Zensur unwirksam> vorläufig abgeschlossen und wir kommen zum zweiten Einwand gegen das
zentrale Pro-Argument. <Geeigneteres Maßnahmenbündel> richtet sich
gegen die Prämisse (3) von <Schutz vor Kinder- und Hardcore-Por-
nographie> (s. Tafel 1.29). Im ersten Anlauf können wir das Argument
wie folgt fassen:

<Geeigneteres Maßnahmenbündel>

Tafel 1.39

(1) Es gibt eine Alternativmaßnahme (ein Bündel von Maßnah-
    men), die – in Bezug auf Ziel 1 _und_ Ziel 2 – eben-
    falls effektiv und zugleich geeigneter als die gesetz-
    liche Zensur ist. Denn erstens gibt es eine geeignetere
    und effektive Alternativmaßnahme in Bezug auf Ziel 1.
    Und zweitens gibt es eine geeignetere und effektive Al-
    ternativmaßnahme in Bezug auf Ziel 2.
----
(2) Es gibt eine Alternativmaßnahme, die dazu führt, dass
    Schutz vor Ausbeutung und Schutz vor Subversion er-
    reicht werden, und die geeigneter als die Hardcore-Por-
    nographie-Zensur ist.

Der Begründungsteil (1) zerfällt in zwei Prämissen. Eine Prämisse äußert
sich zu geeigneten Alternativmaßnahmen hinsichtlich des ersten Ziels,

die andere Prämisse hinsichtlich des zweiten Ziels. Der in (1) erstgenannte Satz gehört nicht zum Begründungsteil, sondern gibt die Konklusion wieder.

Tafel 1.40   `<Geeigneteres Maßnahmenbündel>`
`(1)  Es gibt eine geeignetere und effektive Alternativmaß-`
`     nahme in Bezug auf den Schutz vor Ausbeutung als die`
`     Hardcore-Pornographie-Zensur.`
`(2)  Es gibt eine geeignetere und effektive Alternativmaß-`
`     nahme in Bezug auf den Schutz vor Subversion als die`
`     Hardcore-Pornographie-Zensur.`
`----`
`(3)  Es gibt eine Alternativmaßnahme, die dazu führt, dass`
`     Schutz vor Ausbeutung _und_ Schutz vor Subversion be-`
`     stehen, und die geeigneter als die Hardcore-Pornogra-`
`     phie-Zensur ist.`

Wir passen die Formulierungen einander an und fügen eine einfache verknüpfende Prämisse hinzu, die den Schluss deduktiv gültig macht.

Tafel 1.41   `<Geeigneteres Maßnahmenbündel>`
`(1)  Es gibt eine effektive Alternativmaßnahme, die zum`
`     Schutz vor Ausbeutung führt und die geeigneter als die`
`     Hardcore-Pornographie-Zensur ist.`
`(2)  Es gibt eine effektive Alternativmaßnahme, die zum`
`     Schutz vor Subversion führt und die geeigneter als die`
`     Hardcore-Pornographie-Zensur ist.`
`(3)  Wenn es`
`     (a) eine effektive Alternativmaßnahme gibt, die zum`
`         Schutz vor Ausbeutung führt und die geeigneter als`
`         die Hardcore-Pornographie-Zensur ist, und es`
`     (b) eine effektive Alternativmaßnahme gibt, die zum`
`         Schutz vor Subversion führt und die geeigneter als`
`         die Hardcore-Pornographie-Zensur ist,`
`     dann gibt es eine effektive Alternativmaßnahme (nämlich`
`     das Bündel der zwei Einzelmaßnahmen), die zum Schutz`
`     vor Ausbeutung und zum Schutz vor Subversion führt und`
`     die geeigneter als die Hardcore-Pornographie-Zensur`
`     ist.`
`--`
`Modus ponens aus 1-3`
`--`
`(4)  Es gibt eine Alternativmaßnahme, die zum Schutz von`
`     Ausbeutung _und_ dem Schutz vor Subversion führt und`
`     die geeigneter als die Hardcore-Pornographie-Zensur`
`     ist.`

Das Einfügen einer Subjunktion als verknüpfende Prämisse – hier: Prämisse (3) – ist häufig ein nützlicher *erster* Schritt beim Auffinden impliziter Annahmen. Mit dem Ziel vor Augen, die Systematik einer Argumentation zu verstehen, sollte man sich aber fragen, ob die eingefügte Subjunktion der Spezialfall eines allgemeinen Prinzips ist.

> Das Einfügen eines Wenn-Dann-Satzes als verknüpfende Prämisse ist grundsätzlich zulässig, wenngleich der Schluss dadurch trivialerweise gültig wird. Wichtig ist für Analystinnen und Analysten, es nicht einfach hierbei zu belassen. Stattdessen sollte man sich fragen, ob die ergänzte Subjunktion sich als Spezialfall eines allgemeinen und zugleich plausiblen Prinzips ergibt (vgl. Bowell/Kemp 2014, 133 ff.).

Maxime

In unserem Fall folgt (3) aus einem Prinzip, das wir ebenfalls als verknüpfende Prämisse verwenden können.

```
(3) Für beliebige Ziele *Z1*, *Z2* und jede Maßnahme *M*
    gilt:
    Wenn es
    (a) eine effektive Alternativmaßnahme gibt, die zu *Z1*
        führt und die geeigneter als *M* ist, und es
    (b) eine effektive Alternativmaßnahme gibt, die zu *Z2*
        führt und die geeigneter als *M* ist,
    dann gibt es eine effektive Alternativmaßnahme (nämlich
    das Bündel der zwei Einzelmaßnahmen), die zu *Z1* _und_
    *Z2* führt und die geeigneter als *M* ist.
```

Tafel 1.42

Das o. g. Prinzip (3) besitzt folgende logisch-semantische Struktur:

Logisch-semantische Analyse

```
(3) (x)(y)(z): Wenn
        G(x) & F(y) & F(z) &
        (Eu): G(u) & R(u,y) & S(u,x) &
        (Eu): G(u) & R(u,z) & S(u,x)
    dann
        (Eu): G(u) & R(u,y) & R(u,z) & S(u,x)
/*
    | F#: # ist ein Ziel
    | G#: # ist eine Maßnahme
    | R#•: # führt zum Erreichen von •
    | S#•: # ist geeigneter als •
*/
```

Ergänzt man das so verstandene Prinzip (3), so folgt die Konklusion des Arguments mit Allspezialisierung und Modus ponens. Allerdings sagt das Prinzip in dieser Lesart nicht, dass es sich bei der Alternativmaßnahme, deren Existenz im Konsequens, d. h. im Dann-Teil behauptet wird, um das Bündel der zwei einzelnen Alternativmaßnahmen handelt. Diesen für die Plausibilität von (3) wichtigen Sachverhalt können wir nur ausdrücken, wenn wir den Satz wie folgt analysieren:

```
(3) (x)(y)(z)(u)(v): Wenn
       F(y) & F(z) &
       G(x) & G(u) & G(v) &
       R(u,y) & S(u,x) &
       R(v,z) & S(v,x)
    dann
       (Ew): G(w) & B(w,u,v) & R(w,y) & R(w,z) & S(w,x)
/*
    | F#: # ist ein Ziel
    | G#: # ist eine Maßnahme
    | R#•: # führt zum Erreichen von •
    | S#•: # ist geeigneter als •
    | B#•+: # ist das Bündel der Einzelmaßnahmen • und +
*/
```

Auch in dieser Analyse ist das Argument deduktiv gültig. Allerdings folgt die Konklusion nicht mehr einfach mit Allspezialisierung und Modus ponens. Stattdessen wird – im Kern – mit dieser prädikatenlogischen Regel geschlussfolgert:

```
(1) (Ex): Fx
(2) (x)(Ey): Fx -> Gy & Rxy
----
(3) (Ey): Gy
```

Mit dem ergänzten Prinzip (3) wird der Schluss deduktiv gültig und die allgemeine Idee hinter dem Argument tritt zutage. Allerdings zeigt sich auch, dass die Grundidee in dieser Allgemeinheit völlig unplausibel ist: Zwei sich wechselseitig ausschließende Maßnahmen können in Bezug auf verschiedene Ziele jeweils effektiv und geeigneter als eine dritte Maßnahme sein, während – und im Widerspruch zu (3) – die Bündelung der zwei Maßnahmen aber undurchführbar und damit sicherlich keine effektive und geeignetere Gesamtalternative ist.

Wir haben mit (3) ein offenkundig falsches Prinzip unterstellt. Obwohl diese Feststellung den Status der Prämissen betrifft (und nicht die Begründungsbeziehung zwischen Prämissen und Konklusion), ist sie für die Argumentanalyse hochrelevant. Denn im Rahmen des bestehenden Interpretationsspielraums sollte man versuchen, Begründungen immer als möglichst starke und plausible Argumente zu rekonstruieren (Brun/Hirsch-Hadorn 2014, 227).

Maxime

> Man sollte ein Argument *im Rahmen des bestehenden Interpretationsspielraums* so wohlwollend wie möglich interpretieren, d. h.: als ein möglichst starkes und plausibles Argument rekonstruieren.
> Dieses **Prinzip des Wohlwollens**
> - stellt sicher, dass Schwachstellen eines rekonstruierten Arguments nicht durch willkürliche Interpretationsentscheidungen der Argument-Analyst/innen entstehen; und
> - ergibt sich aus einem diskurs-ethischen Fairness-Gebot.

Argumente logisch analysieren und detailliert rekonstruieren

Unter diesen Gesichtspunkten ist unsere bisherige Rekonstruktion unbefriedigend und verbesserungsbedürftig – insbesondere mit Blick auf die höchst fragwürdige Prämisse (3). Das allgemeine Prinzip (3) wird plausibler, wenn zusätzlich gefordert wird, dass (a) die einzelnen Alternativmaßnahmen auch gemeinsam durchführbar sind und (b) sie sich in ihren Konsequenzen nicht zuwiderlaufen (d. h., die jeweilige Zielerreichung nicht gegenseitig behindern).

Damit lautet unsere Prämisse (3) neu:

```
(3)  Für beliebige Ziele *Z1*, *Z2* und beliebige Maßnahmen
     *M*, *M1*, *M2* gilt: Wenn
     (a) *M1* eine effektive Alternativmaßnahme ist, die zu
         *Z1* führt und die geeigneter als *M* ist, und
     (b) *M2* eine effektive Alternativmaßnahme ist, die zu
         *Z2* führt und die geeigneter als *M* ist, und
     (c) *M1* und *M2* kompatibel sind und
     (d) *M1* und *M2* sich in ihren Konsequenzen nicht zu-
         widerlaufen,
     dann gibt es eine effektive Alternativmaßnahme (nämlich
     das Bündel der zwei Einzelmaßnahmen *M1* und *M2*), die
     zu *Z1* _und_ *Z2* führt und die geeigneter als *M*
     ist.
```

Tafel 1.43

Dieses neue Prinzip ist nicht mehr der oben genannten Kritik ausgesetzt und somit weniger problematisch. In dieser Hinsicht haben wir unsere Rekonstruktion verbessert – allerdings auf Kosten der deduktiven Gültigkeit. Denn die Konklusion folgt nicht mehr aus (1) bis (3). Es müssen weitere Prämissen hinzugefügt werden, die den Schluss reparieren, indem sie feststellen, dass die Antezedensbedingungen (c) und (d) des Prinzips (3) im vorliegenden Fall erfüllt sind.

Die logisch-semantische Struktur des neuen Prinzips (3) lautet:

Logisch-semantische Analyse

```
(3)  (x)(y)(z)(u)(v): Wenn
         F(y) & F(z) &
         G(x) & G(u) & G(v) &
         R(u,y) & S(u,x) &
         R(v,z) & S(v,x) &
         T(u,v) &
         U(u,v)
     dann
         (Ew): G(w) & B(w,u,v) & R(w,y) & R(w,z) & S(w,x)
/*
     | F#: # ist ein Ziel
     | G#: # ist eine Maßnahme
     | R#•: # führt zum Erreichen von •
     | S#•: # ist geeigneter als •
     | B#•+: # ist das Bündel der Einzelmaßnahmen • und +
```

```
    | T#•: # und • sind kompatibel
    | U#•: # und • laufen sich hinsichtlich ihrer Kon-
      sequenzen nicht zuwider
*/
```

Die Antezedensbedingungen (c) und (d) fordern, dass die zwei Alternativmaßnahmen in bestimmten Relationen zueinander stehen (s. `T(u,v)` & `U(u,v)`). Mit der jetzigen Form der Prämissen (1) und (2) – beides sind Existenzsätze – können diese Bedingung aber gar nicht ausgedrückt werden. Das Problem lässt sich an einem vereinfachten Schluss illustrieren:

```
(1)  (Ex): Fx
(2)  (Ex)(Ey): Rxy
(3)  (x)(y): Fx & Rxy -> Gy
- ungültig -
(4)  (Ex): Gx
```

Die Prämissen (1) und (2) in diesem Schlussmuster implizieren eben nicht, dass es zwei Gegenstände gibt, für die die Antezedensbedingungen der allquantifizierten Subjunktion (3) erfüllt sind, weil die Gegenstände, deren Existenz in (2) behauptet wird, andere sein könnten als der, dessen Existenz in (1) behauptet wird.

Eine erste Reparatur besteht darin, die Antezedensbedingungen im Skopus ein und derselben Existenzquantoren zu behaupten.

```
(1)    (Ex)(Ey): Fx & Rxy
(2)    (x)(y): Fx & Rxy -> Gy
-- gültig --
(3)    (Ex): Gx
```

Eine zweite Möglichkeit ist es, die Gegenstände, von denen die Existenzbehauptungen handeln, mit geeigneten Eigennamen zu bezeichnen.

```
(1)  Fa
(2)  Rab
(3)  (x)(y): Fx & Rxy -> Gy
-- gültig -
(4)  (Ex): Gx
```

Für die weitere Rekonstruktion des Arguments `<Geeigneteres Maßnahmenbündel>` wählen wir diese zweite Reparaturoption.

Damit stellt sich unser Argument wie folgt dar:

Tafel 1.44
```
<Geeigneteres Maßnahmenbündel>
(1) Die konsequente Umsetzung bestehender Gesetze führt zum
    Schutz vor Ausbeutung und ist geeigneter als die Hard-
    core-Pornographie-Zensur.
    <+ <Kinderpornographie ohnehin illegal>: Kinderporno-
       graphie ist bereits gesetzlich untersagt und wir
       benötigen keine weiteren Zensurgesetze, um sie zu
       bekämpfen.
```

(2) Erziehung durch Eltern und Gemeinschaft führt zum
    Schutz vor Subversion und ist geeigneter als die Hard-
    core-Pornographie-Zensur.
    <+ <Erziehung effektiver>: Erziehung durch Eltern und
       Gemeinschaft bietet einen effektiveren Schutz als
       die gesetzliche Zensur und ist zugleich geeigneter.
       <+ <Immunisierung durch Erziehung>
(3) Die konsequente Umsetzung bestehender Gesetze und Er-
    ziehung durch Eltern und Gemeinschaft sind kompatibel.
(4) Die konsequente Umsetzung bestehender Gesetze und Er-
    ziehung durch Eltern und Gemeinschaft laufen sich in
    ihren Konsequenzen nicht zuwider.
(5) Für beliebige Ziele *Z1*, *Z2* und beliebige Maßnahmen
    M, *M1*, *M2* gilt: Wenn
    (a) *M1* eine effektive Alternativmaßnahme ist, die zu
        Z1 führt und die geeigneter als *M* ist, und
    (b) *M2* eine effektive Alternativmaßnahme ist, die zu
        Z2 führt und die geeigneter als *M* ist, und
    (c) *M1* und *M2* kompatibel sind und
    (d) *M1* und *M2* sich in ihren Konsequenzen nicht zu-
        widerlaufen,
    dann gibt es eine effektive Alternativmaßnahme (nämlich
    das Bündel der zwei Einzelmaßnahmen *M1* und *M2*), die
    zu *Z1* _und_ *Z2* führt und die geeigneter als *M*
    ist.
    --
    Allspezialisierung, Modus ponens, Existenzeinführung
    --
(6) Es gibt eine Alternativmaßnahme, die zum Schutz von
    Ausbeutung _und_ dem Schutz vor Subversion führt und
    die geeigneter als die Hardcore-Pornographie-Zensur
    ist.
    -> <Schutz vor Kinder- und Hardcore-Pornographie>

Durch schrittweise Verbesserung unserer Rekonstruktion haben wir ein
deduktiv gültiges Argument gewonnen, dessen Prämissen zudem in dem
gegebenen Kontext durchaus plausibel sind. Dabei haben wir gegenüber
der ersten informellen Skizze des Gedankens (s. Tafel 1.26) erkannt, dass
das Argument von weiteren, nicht-trivialen, unausgesprochenen Prämissen Gebrauch macht. Außerdem ist sehr gut verständlich und bereits
kenntlich gemacht, wie sich die weiteren bisher skizzierten Argumente
(insbesondere <Kinderpornographie ohnehin illegal> und <Erzie-
hung effektiver>, s. Tafel 1.26) auf den rekonstruierten Einwand beziehen.

Die nächsten Analyseschritte bestehen darin, diese weiteren Argumente detailliert zu rekonstruieren und die Detailanalyse des Abschnitts
unter der *Strategie 3* (s. die Optionen im Anschluss an Tafel 1.22) ab-
zuschließen. Wir brechen an dieser Stelle aber ab und verfolgen die weitere Analyse nicht mehr im Detail. Denn die Grundzüge der Argument-

analyse sind bereits hinreichend illustriert. Das Vorgehen lässt insgesamt in folgenden Schritten zusammenfassen.

Maxime

> **Arbeitsschritte der Argumentationsanalyse:**
> 1. Kläre die *zentrale These(n)*, für und gegen die in dem Text argumentiert wird.
> 2. Skizziere die verschiedenen Gründe, die im Text angeführt werden, sowie ihre Beziehungen zueinander in Form einer *Gründehierarchie*.
> 3. Erstelle, ausgehend von der Gründehierarchie, eine *Argumentkarte*, indem die einzelnen Gründe als Argumente mit Prämissen-Konklusion-Struktur rekonstruiert und die skizzierten dialektischen Beziehungen überprüft werden.
> 4. Rekonstruiere die einzelnen Argumente im Rahmen einer *Detailanalyse* möglichst so, dass sie (a) deduktiv gültig sind, (b) von plausiblen Prämissen ausgehen und (c) ihre dialektische Funktion erfüllen.

Wie genau die Kriterien, die den Arbeitsschritten zugrunde liegen, spezifiziert werden, hängt davon ab, ob man exegetische oder systematische Ziele verfolgt (Brun 2014). Gegen Ende des ersten Abschnitts dieses Kapitels haben wir gesehen, wie sich die Zielsetzung darauf auswirkt, welche Aussagen man als zentrale Thesen der Argumentation setzt. Darüber hinaus gilt aber beispielsweise auch: Skizziert man eine Gründehierarchie aus systematischem Interesse, kann man sich viel stärker von den im Text angedeuteten Begründungsansprüchen lösen, als wenn man exegetische Ziele verfolgt. Plausibilität einer impliziten Prämisse bemisst sich in der exegetischen Analyse wesentlich an ihrer Passung und relativen Konsistenz zum Text (und dessen Kontext). Unter systematischen Gesichtspunkten kann demgegenüber die Passung in das eigene Überzeugungssystem oder der wissenschaftliche Kenntnisstand bezüglich der Prämisse für ihre Plausibilität ausschlaggebend sein.

Die abwechselnde Berücksichtigung der unter Schritt 4 aufgeführten Kriterien (deduktive Gültigkeit, Plausibilität, dialektische Funktion) führt dazu, dass man während der Detailanalyse immer wieder Änderungen an einer Rekonstruktion vornimmt, die die Argumentanalyse zwar in einer Hinsicht verbessern, in anderer Hinsicht aber neue Probleme und weiteren Verbesserungsbedarf erzeugen. Zum Beispiel: Wir modifizieren eine Prämisse, um sie plausibler und die Rekonstruktion insgesamt wohlwollender zu machen. In der Folge ist das Argument aber nicht mehr gültig. Wir ändern deshalb die Konklusion. Das Argument ist gültig, aber es stützt die zentrale These nicht mehr. Wir ändern die Konklusion erneut. Das Argument ist nun nicht mehr deduktiv gültig usw. usf.

Dieses iterative Vorgehen lässt sich mit dem Bild eines hermeneutischen Kleeblatts, dessen Blätter Schlaufen bilden, die man fortwährend durchläuft, veranschaulichen.

Ein entsprechender Rekonstruktionsprozess kommt immer nur vorläufig zu einem Ende: Nämlich dann, wenn uns keine weitere Verbesserung der bisherigen Analyse einfällt. Dabei kann man sich nie sicher sein, ob

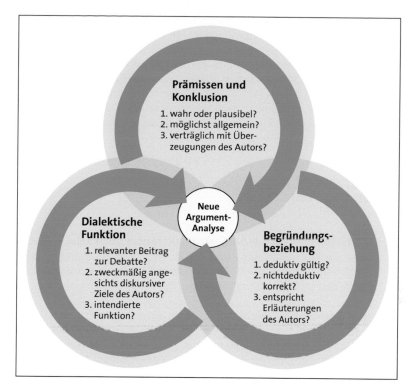

Abb. 1.2:
Hermeneutisches
Kleeblatt

man in Zukunft nicht doch eine zündende Idee haben wird, um das Argument noch treffender zu interpretieren.

Außerdem ist der Rekonstruktionsprozess keine Einbahnstraße. In nahezu jedem Analyseschritt muss eine Interpretationsentscheidung getroffen werden, die durch die Textgrundlage unterbestimmt ist. Zum Beispiel: Stärke ich das Antezedens (den Wenn-Teil) oder schwäche ich das Konsequens (den Dann-Teil), um die Prämisse plausibler zu machen? Ändere ich die Konklusion oder füge ich eine weitere Prämisse hinzu, damit der Schluss deduktiv gültig wird? – Stellt sich im Laufe weiterer Analyseschritte heraus, dass eine solche Interpretationsentscheidung in eine Sackgasse führt (d. h., es lässt sich keine Rekonstruktion gewinnen, die den verschiedenen Analysekriterien hinreichend genügt), so geht man zurück zu dem früheren Analyseschritt, revidiert die ursprüngliche Entscheidung und setzt die Analyse auf einem anderen Pfad fort. (Dabei kann es sogar erforderlich sein, bis hin zum allersten Schritt der Analyse zurückzugehen, die zentralen Thesen neu zu formulieren und ganz von vorne zu beginnen.)

Diese möglichen Verzweigungen von Analyseprozessen sind ein zentraler Grund für die *Pluralität zulässiger Interpretationen*. In der Regel ist es nämlich so, dass man auf verschiedenen Pfaden zu unterschiedlichen Rekonstruktionen eines Textes gelangt, von denen sich nicht sagen lässt, dass die eine Rekonstruktion im Lichte aller relevanten Gesichtspunkte klar besser als die andere ist. Hinzu kommt, dass es aus kombinatorischen Gründen praktisch unmöglich ist, all die verschiedenen Pfade abzuschreiten und den Interpretationsspielraum vollständig zu explorieren.

Wie viele Einsichten man durch die sorgfältige Rekonstruktion daher auch gewinnen mag – es ist ob dieser grundsätzlichen Überlegungen wichtig, in Bezug auf die Analyseergebnisse bescheiden zu bleiben und den provisorischen Charakter der Rekonstruktionen – sowie die ihnen je zugrunde liegenden Interpretationsentscheidungen – transparent zu machen.

Fragen zum Weitermachen

1. Welche weiteren Differenzierungen und Präzisierungen der zentralen These zur Meinungsfreiheit und Zensur gibt es? In welchen logischen Beziehungen stehen diese Thesendifferenzierungen zueinander sowie zu den im Text unterschiedenen Thesen?

2. Gemäß vorläufiger Pro-Kontra-Liste in Tafel 1.10 stützt der Grund `<Pro1>` sowohl das `[Zensurverbot]` als auch die `[Meinungsfreiheit]`. Welche Teilüberlegungen in `<Pro1>` sprechen für die eine, welche für die andere These? Diese Teilüberlegungen lassen sich als gesonderte Argumente detailliert rekonstruieren. Gibt es Prämissen, die beide Argumente teilen? Wird in beiden Begründungen mit dem Beispiel der Gesetzgebung gegen Volksverhetzung argumentiert?

3. Wie lassen sich die komplexen Überlegungen `<Pro5>` und `<Con5>` als eine Gründehierarchie rekonstruieren? Welche alternativen Interpretationsmöglichkeiten gibt es dabei? Welche Überlegungen sprechen für die eine, welche für die andere Interpretation?

4. Gibt es Teilüberlegungen aus `Con5`, die dem Text nach Argumente in `Pro5` untergraben? Wie lassen sich diese Beziehungen in reguläre Angriffsbeziehungen überführen?

5. Der in Tafel 1.12 »antizipierte, aber unausgesprochene Gegeneinwand gegen `<Con3-1>`« scheint von vornherein sehr schwach zu sein: Warum sollte man eine wirkungslose Maßnahme ergreifen, selbst wenn Nichtstun die einzige Alternative dazu ist? Angenommen also dieser antizipierte Gegeneinwand *ist* schwach – rechtfertigt das unsere Interpretationsentscheidung, die in Tafel 1.12 dargelegte Rekonstruktionshypothese nicht weiterzuverfolgen? Warum? Welche Rolle spielt hierbei das Prinzip des Wohlwollens?

6. Im Zusammenhang mit der Interpretation der Überlegung `<Con4>` *begründen* wir, dass Teilargument `<Con4-3>` den Einwand `<Con4-2>` stützt, wie folgt: »Wenn man das Argument `<Con4-3>` hingegen nicht

als direkten Einwand gegen <Pro4>, sondern als weitere Untermauerung des Einwands <Con4-2> interpretiert und entsprechend reformuliert, so erscheint es viel plausibler.« Handelt es sich bei der hier zitierten Überlegung (die auf dem Prinzip des Wohlwollens basiert), um einen Grund höherer Ordnung für <Con4-3>? Falls nicht, lässt sich diese Begründung an anderer Stelle in die Gründehierarchie einordnen? Wie ist sie zu charakterisieren?

7. Im Laufe der Rekonstruktion erwägen wir folgende Interpretationsoption: »Der Einwand <Erziehung effektiver> läuft allem Anschein zum Trotz ins Leere und richtet sich tatsächlich nicht gegen das Pro-Argument.« Warum sollte man diese Option nur dann als Ergebnis der Analyse ausgeben, wenn Alternativrekonstruktionen scheitern? Was spricht gegen diese Interpretation?

8. Bei der Analyse von Con4 als Argumentkarte argumentieren wir: »Die Interpretation von <Erziehung effektiver> als Einwand gegen Prämisse (3) in <Schutz vor schäbigen Einstellungen> legt fest, wie die Konklusion des Einwands lauten muss, was uns wiederum erlaubt, die Darstellung des Arguments zu präzisieren.« Wie lässt sich dieser Interpretationsvorgang anhand des hermeneutischen Kleeblatts beschreiben?

9. Das Argument <Schutz vor Kinder- und Hardcore-Pornographie> rekonstruieren wir als logisch gültigen Schluss in mehreren Schritten, wobei verschiedene Rekonstruktionsoptionen erwogen und teils verworfen werden. Wie lässt sich dieser Rekonstruktionsprozess im Rahmen des hermeneutischen Kleeblatts beschreiben? Welche im Kleeblatt genannten Gesichtspunkte werden im Rekonstruktionsprozess relevant – und wo genau?

10. In welcher Weise liegt der Entscheidung, das Argument <Zensur unwirksam> im Zuge der Detailrekonstruktion in zwei Argumente aufzuspalten das Prinzip des Wohlwollens zugrunde?

11. Wie lauten die vier impliziten Zwischenkonklusionen im Argument <Zensur unwirksam-2>, die sich ergeben, wenn man der Reihe nach und einzeln die genannten Schlussmuster anwendet?

12. Wie hängen die Maxime der wohlwollenden Rekonstruktion und das hermeneutische Kleeblatt miteinander zusammen?

13. Prämisse (2) im Argument <Geeigneteres Maßnahmenbündel> wird gestützt von <Erziehung effektiver> (s. Tafel 1.44). Wie muss dieses Argument rekonstruiert werden, damit es *in Ihren Augen* möglichst stark und plausibel ist, aber weiterhin seine dialektische Funktion erfüllt? (Ändern Sie dafür ggf. auch das Argument <Geeigneteres Maßnahmenbündel>.)

Literatur

Bowell, Tracey/Kemp, Gary. 2014. *Critical Thinking: A Concise Guide*. 4 Aufl. London: Routledge.

Brun, Georg. 2014. »Reconstructing Arguments: Formalization and Reflective Equilibrium«. *Logical Analysis and History of Philosophy* 17: 94–129.

Brun, Georg/Hirsch-Hadorn, Gertrude. 2014. *Textanalyse in den Wissenschaften: Inhalte und Argumente analysieren und verstehen*. 2. Aufl. Zürich: vdf Hochschulverlag.

Govier, Trudy. 2018. *Problems in Argument Analysis and Evaluation*. Windsor Studies in Argumentation Bd. 6. Aktual. Aufl. Ontario: Windsor 2018.

Snoeck Henkemans, A. Francisca. 2000. »State-of-the-Art: The Structure of Argumentation«. *Argumentation* 14 (4): 447–73 (https://doi.org/10.1023/A:1007800305762).

Sather, Trevor. 1999. *Pros and Cons: A Debater's Handbook*. London/New York: Routledge.

Tugendhat, Ernst/Wolf, Ursula. 1983. *Logisch-semantische Propädeutik*. Stuttgart: Reclam.

2 Rekonstruktionstechniken für umfangreiche Texte: Interpretation eines Klassikers

John Stuart Mill argumentiert im zweiten Kapitel von *Über die Freiheit* für ein weitreichendes Recht auf Meinungs- und Diskussionsfreiheit. Bereits in den ersten Zeilen nennt Mill seine zentrale These. Nicht nur eine undemokratische, auch eine demokratische Regierung, die »niemals daran [denkt], ihre Zwangsgewalt anders als in Übereinstimmung mit dem zu gebrauchen, was sie für die Volksstimme hält«, darf nicht die freie Meinungsäußerung durch Zwangsgewalt beschränken (zitiert wird mit der Sigle ÜdF nach der Murmann-Ausgabe (Mill 2014) unter Angabe der Seitennummer sowie, falls zutreffend, der Absatznummer im zweiten Kapitel):

Die Gewalt selbst ist unrechtmäßig. Die beste Regierung hat nicht mehr Anspruch darauf als die schlechteste. Sie ist ebenso schädlich oder schädlicher, wenn sie im Einklang mit der öffentlichen Meinung geübt wird als im Widerspruch zu dieser. Wenn die gesamte Menschheit einer Meinung wäre und nur ein Einziger hätte eine entgegengesetzte, so verfügte die Menschheit über kein besseres Recht, diesem ein Schweigen aufzuerlegen, als er, wenn er die erforderliche Macht besäße, der ganzen Menschheit. (ÜdF, S. 324, 1)

Im Laufe von *Über die Freiheit* wird deutlich, dass Mill dabei nicht nur Regierungshandeln, sondern auch das Handeln nicht-staatlicher Akteure vor Augen hat. Wir versuchen daher, den Text zu interpretieren als eine Argumentation für die These

[Zensurverbot]: Es ist falsch, Personen daran zu hindern, frei ihre Meinung zu äußern.

Tafel 2.1

Liest man das zweite Kapitel im Kontext der weiteren Kapitel von *Über die Freiheit*, so wird deutlich, dass Mill die These als ein *prima facie*-Verbot versteht, welches Ausnahmen zulässt. Denn das [Zensurverbot] lässt sich präziser deuten als ein Spezialfall des allgemeinen Prinzips der Nicht-Schädigung, das Mill in der Einleitung als übergeordnetes Beweisziel der Abhandlung ausgibt und demzufolge der einzige Zweck, der rechtfertigt, Macht über irgendein Mitglied einer zivilisierten Gemeinschaft gegen seinen Willen auszuüben, der ist, die Schädigung anderer zu verhüten. (vgl. ÜdF, S. 316)

Zur Vertiefung

J. B. Metzler © Springer-Verlag GmbH Deutschland, ein Teil von Springer Nature, 2020
G. Betz, *Argumentationsanalyse*, https://doi.org/10.1007/978-3-476-05124-0_2

Mills Argumentation zugunsten der These [Zensurverbot] erstreckt sich über das gesamte zweite Kapitel (ca. 18.000 Wörter) und ist deutlich umfangreicher als die Pro-Kontra-Liste (ca. 700 Wörter), die wir in Kapitel 1 analysiert haben.

Maxime

Einer der ersten Schritte bei der argumentativen Analyse eines umfangreichen Textes sollte darin bestehen, eine **strukturierte Inhaltsangabe** zu erstellen.

Entsprechend dieser Maxime beginnen wir unsere Analyse des Textes damit, uns einen Überblick über dessen gedankliche Struktur zu verschaffen. In Kapitel 2.1 erstellen wir eine argumentative Inhaltsangabe und zeigen, welche zentralen Interpretationsfragen dabei bereits beantwortet werden. Unsere Textgliederung verwenden wir in Kapitel 2.2, um Mills zentrales Argument für das [Zensurverbot] so zu rekonstruieren, dass der Aufbau des Textes verständlich wird. In den weiteren Kapiteln 2.3 bis 2.5 analysieren wir zwei ausgewählte Passagen, an denen sich Besonderheiten der Rekonstruktion umfangreicher Texte veranschaulichen lassen. So verdeutlicht die Analyse von Mills epistemischer Argumentation in Kapitel 2.3 exemplarisch, wie sich eine umfangreiche argumentative Textpassage (a) als dialektische Argumentation, die aus vielen ineinandergreifenden Argumenten besteht, und (b) als dialektische Entwicklung eines einzigen zentralen Arguments interpretieren und rekonstruieren lässt. Schließlich diskutieren wir in Kapitel 2.3 entlang Mills religionshistorischer Überlegungen, welche argumentativen Funktionen Beispiele besitzen können, und spielen in Kapitel 2.5. dann verschiedene Interpretationsszenarien durch. In diesem Zusammenhang ergeben sich ferner weiterführende Hinweise zur Rekonstruktion nicht-deduktiver Begründungen.

2.1 | Sich einen Überblick verschaffen

Das zweite Kapitel in *Über die Freiheit* ist nicht durch Zwischenüberschriften in Unterabschnitte gegliedert. Allerdings gibt Mill an verschiedenen Stellen Hinweise zum Aufbau der Argumentation. Ein erster derartiger Hinweis findet sich zu Beginn, gleich nachdem die zentrale These eingeführt wurde:

Ist die [unterdrückte] Meinung richtig, so nimmt man [den Menschen] die Gelegenheit, Irrtum durch Wahrheit zu ersetzen; ist sie unrichtig, so verlieren sie, was fast ebenso wertvoll ist, die deutlichere Auffassung und den lebendigeren Eindruck der Wahrheit, die aus der Konfrontation mit dem Irrtum entspringen.
Es ist notwendig, diese beiden Hypothesen gesondert zu betrachten, da ihnen verschiedene Argumentationslinien entsprechen. Wir können niemals sicher sein, dass die Meinung, die wir zu unterdrücken suchen, falsch ist, und wären wir dessen sicher, so wäre ihre Unterdrückung noch immer ein Übel. (ÜdF, S. 324 f., 1)

Mill will hier zwei Fälle unterscheiden und kündigt an, diese gesondert zu diskutieren. (Allerdings werden die zwei Fälle verschiedentlich charakterisiert, nämlich teils mit Blick auf den faktischen Wahrheitsstatus der unterdrückten Meinung, teils in Bezug auf unseren Wissensstand).

Fall I: Die unterdrückte Meinung ist richtig / wir sind uns nicht sicher, dass sie falsch ist.

Fall II: Die unterdrückte Meinung ist falsch / wir sind uns sicher, dass sie falsch ist.

Einen zweiten Hinweis zur Struktur der Argumentation gibt die abschließende Zusammenfassung des Gedankengangs.

Wir haben jetzt erkannt, dass für das geistige Wohlergehen der Menschheit (von dem all ihr anderes Wohlergehen abhängt) die Freiheit der Meinung und die Freiheit der Meinungsäußerung notwendig ist, und zwar aus vier Gründen, die wir nun kurz rekapitulieren werden.
Erstens, wenn eine Meinung zum Schweigen gezwungen wird, so kann diese Meinung, soweit wir sicher wissen können, doch wahr sein. [...]
Zweitens, selbst wenn die zum Schweigen gebrachte Meinung ein Irrtum sein mag, so kann sie doch, und sehr häufig verhält es sich so, ein Körnchen Wahrheit enthalten [...].
Drittens, selbst wenn die allgemein akzeptierte Meinung nicht nur wahr, sondern sogar die ganze Wahrheit ist, so wird sie doch, sofern [...] sie nicht tatsächlich auch angefochten wird, von den meisten derer, die sie annehmen, nur in der Weise eines Vorurteils aufrechterhalten, mit wenig Verständnis oder Gefühl für ihre vernünftigen Gründe. Und nicht allein dies, sondern, *viertens*, die Bedeutung der Lehre selbst wird Gefahr laufen, verloren zu gehen oder geschwächt zu werden und ihres lebenswichtigen Einflusses auf den Charakter und die Handlungsweise beraubt zu werden [...]. (ÜdF, S. 366, 40–43)

Zerfällt der Gedankengang also in zwei oder aber in vier zentrale Teile?
Im fortlaufenden Text leitet Mill neu beginnende Abschnitte jeweils mit entsprechenden Bemerkungen ein (z. B.: »Wir wollen nun zum zweiten Teil der Argumentation übergehen.«, ÜdF, S. 346, 21). Achtet man insbesondere auf diese Hinweise, ergibt sich als Grobgliederung des zweiten Kapitels folgende Struktur:

A. Einleitung: Klärung der These und Skizze der Argumenta-   Tafel 2.2
    tion. [S. 323–325, 1–2]
B. Fall i: Die unterdrückte Meinung ist (möglicherweise)
    wahr. [S. 325–346, 3–20]
C. Fall ii: Die unterdrückte Meinung ist (sicher) falsch.
    [S. 346–358, 21–33]
D. Fall iii: Die unterdrückte Meinung ist partiell wahr.
    [S. 358–365, 34–39]
E. Schluss: Zusammenfassung der Argumentation und Diskus-
    sionsregeln [S. 366–368, 40–44]

Damit spitzt sich das Interpretationsproblem aber weiter zu. Denn diese Gliederung scheint zu keiner der oben zitierten Regieanweisungen zu passen: Eingangs werden zwei Fälle (I und II) unterschieden, abschließend werden vier zentrale Argumente zusammengefasst – aber der Text selbst gliedert sich in drei Abschnitte (Fälle i, ii, und iii). Wie können die jeweiligen Passagen denn dann wohlwollend, als widerspruchsfrei und zueinander passend, interpretiert werden?

(Machen wir uns kurz klar: das Interpretationsproblem entsteht nur dadurch, dass wir das Prinzip des Wohlwollens – s. Kap. 1.4 – bereits bei der Strukturierung eines Textes berücksichtigen.)

Erst die Detailgliederung des Kapitels löst dieses Problem auf und gibt uns ein stimmiges Bild. Man erstellt eine Detailgliederung, d. h. ein möglichst feingliedriges tabellarisches Inhaltsverzeichnis eines Textes, indem man nach sorgfältiger und in der Regel mehrfacher (!) Lektüre Abschnitte und Unterabschnitte markiert und mit eigenen, aussagekräftigen Überschriften versieht (vgl. Brun/Hirsch-Hadorn 2014, S. 53 ff.). In der folgenden Detailgliederung sind bereits die argumentativen Funktionen der Unterabschnitte angedeutet, soweit diese aus der bloßen Lektüre hervorgehen.

Maxime

> Dient eine strukturierte Inhaltsangabe der argumentativen Analyse eines umfangreichen Textes, so sollten in ihr – soweit aus der sorgfältigen Lektüre bereits ersichtlich – die mutmaßlichen *argumentativen Funktionen* der jeweiligen Abschnitte kenntlich gemacht werden. Die argumentative Textgliederung ist dabei, ähnlich wie die erste Setzung der zentralen These, eine Interpretationshypothese, die im weiteren Verlauf der Rekonstruktion teilweise modifiziert oder gänzlich verworfen werden kann.

Der erste größere Abschnitt behandelt den *Fall I*. Dieser Abschnitt zerfällt selbst in zwei Teile: Im ersten Teil (B.1.) entfaltet Mill eine ganz allgemeine Argumentation für seine These, im zweiten Teil (B.2.) diskutiert Mill den Sonderfall der Unterdrückung religiöser Überzeugungen.

Tafel 2.3

```
B.  Fall I: Die unterdrückte Meinung ist (möglicherweise)
    wahr. [S. 325-346, 3-20]
    B.1. Allgemeine Argumentation [S. 325-331, 3-10]
         B.1.1.  Unfehlbarkeitsargument für Meinungsfreiheit
                 [S. 325, 3]
         B.1.2.  Einschub Kulturkritik [S. 325-326, 4]
         B.1.3.  Einwand Praktische Sicherheit gegen Unfehl-
                 barkeitsargument [S. 326-327, 5]
         B.1.4.  Entkräftung des Einwands Praktische Sicher-
                 heit [327, 6]
         B.1.5.  These und Argumentation: Freie Diskussion
                 als Triebfeder epistemischen Fortschritts
                 [S. 327-329, 7]
         B.1.6.  Fortschrittsargument für Meinungsfreiheit
                 [S. 329, 8]
```

Der zweite größere Abschnitt ist *Fall II* gewidmet. Nach kurzen einleitenden Bemerkungen behandelt Mill hier zwei verschiedene Argumentationen: eine epistemische (C.2.) und eine motivationale Begründung (C.3.).
Schließlich erörtert er einen gewichtigen Einwand (C.4.).

```
C.3. Motivationale Argumentation [S. 350-355, 26-30]
    C.3.1.  Argument: Freie Diskussion hält Meinungen
            lebendig [S. 350-351, 26]
    C.3.2.  Illustration und Präzisierung des Arguments
            am Beispiel des Zusammenhangs von religiö-
            sen Überzeugungen und praktischer Lebens-
            führung [S. 351-354, 27-28]
    C.3.3.  Historischer Beleg: Lebendigkeit des frühen
            Christentums [S. 354-355, 29]
    C.3.4.  Nützlichkeitsargument: Freie Diskussion
            schützt vor Unheil [S. 355, 30]
C.4. Problem der Konsenserzeugung durch epistemischen
    Fortschritt [S. 355-358, 31-33]
    C.4.1.  Einstimmigkeitseinwand: Konsensuale Er-
            kenntnis ist möglich [S. 355-356, 31]
    C.4.2.  Entkräftung des Eistimmigkeitseinwands und
            Konzession [S. 356, 32]
    C.4.3.  Einschub: Diskursive Didaktik als Ersatz
            für echte Meinungsverschiedenheit [S. 356-
            358, 33]
```

Den *Fall III* (die unterdrückte Meinung ist partiell wahr), der in der anfänglichen Regieanweisung gar nicht unterschieden wurde, führt Mill erst zu Beginn des dritten größeren Abschnitts ein. Im Kern wird dann ein epistemisches Argument präsentiert, illustriert und verteidigt.

Tafel 2.5
```
D.  Fall III: Die unterdrückte Meinung ist partiell wahr.
    [S. 358-365, 34-39]
    D.1. Einleitende Bemerkung [S. 358, 34]
    D.2. Epistemisches Argument: Verbesserung von Überzeu-
        gungen durch Ergänzung und partielle Korrektur
        [S. 358-359, 34]
    D.3. Illustratives Beispiel aus der Ideengeschichte:
        Rousseau [S. 359-360, 35]
    D.4. Illustratives Beispiel: Parteienwettstreit [S. 360-
        361, 36]
    D.5. Ausnahmeeinwand (Es gibt ganze Wahrheiten) und des-
        sen Entkräftung am Beispiel der christlichen Ethik
        [S. 361-365, 37-38]
    D.6. Konzession: Sektierertum als ungewünschte Neben-
        folge freier Diskussion [S. 365, 39]
```

Der Schlussteil, schließlich, gliedert sich wie folgt.

Tafel 2.6
```
E.  Schluss [S. 366-368, 40-44]
    E.1. Zusammenfassung der Argumentation [S. 366, 40-43]
    E.2. Erörterung der Regeln gelingender Diskussion
        [S. 366-368, 44]
```

Die vier hauptsächlichen Gründe, von denen Mill in der Zusammenfassung E.1. spricht (s. obiges Zitat), finden sich wie folgt im Text wieder. Der erstgenannte Grund bezieht sich auf die in B.1. entwickelte Argumentation. Der zweitgenannte Grund ist das epistemische Argument aus Abschnitt D. Und bei den Gründen, die Mill an dritter und vierter Stelle anführt, handelt es sich um das epistemische bzw. das motivationale Argument aus Abschnitt C. Mill fasst die Argumente also nicht in der Reihenfolge zusammen, in der sie im Text präsentiert werden.

So ergibt sich ein stimmiges Gesamtbild des Gedankengangs.

2.2 | Rekonstruktion des zentralen Arguments anhand der Textgliederung

Ganz wesentlich für die Argumentation scheint somit die Unterscheidung der Fälle *I*, *II* und *III* zu sein. Begründungen mit Fallunterscheidungen lassen sich häufig als Schlüsse der Form Allgemeines Dilemma rekonstruieren.

Wird in einer Begründung eine *Fallunterscheidung* gemacht, so sollte geprüft werden, ob sich die Begründung als *Allgemeines Dilemma* aussagenlogisch rekonstruieren lässt, d. h. als ein Argument der Form

(1)   *A* oder *B* oder ... oder *C*.
(2)   Wenn *A*, dann *K*.
(3)   Wenn *B*, dann *K*.
      ...
(4)   Wenn *C*, dann *K*.
----
(5)   *K*

Maxime

Bringt man das zentrale Fallunterscheidungs-Argument in diese Form, so ergibt sich (durch bloßes Einsetzen) eine erste Rekonstruktion, die nun schrittweise überarbeitet werden kann. Im Bild des hermeneutischen Kleeblatts (s. Abb. 1.2), das diesen Rekonstruktionsprozess veranschaulicht und systematisiert, starten wir im Zentrum des Kleeblatts.

<Zentrale Fallunterscheidung>   Tafel 2.7
(1) Die unterdrückte Meinung ist (möglicherweise) wahr,
    oder die unterdrückte Meinung ist (sicher) falsch, oder
    die unterdrückte Meinung ist partiell wahr.
(2) Wenn die unterdrückte Meinung (möglicherweise) wahr
    ist, dann gilt: @[Zensurverbot].
(3) Wenn die unterdrückte Meinung (sicher) falsch ist, dann
    gilt: @[Zensurverbot].
(4) Wenn die unterdrückte Meinung partiell wahr ist, dann
    gilt: @[Zensurverbot].

```
(5) [Zensurverbot]: Es ist falsch, Personen daran zu hin-
    dern, frei ihre Meinung zu äußern (ganz gleich worin
    diese Meinung besteht).
```

Das ist aber eine völlig missglückte Rekonstruktion. Zunächst: Den Ausdruck »die unterdrückte Meinung« muss man hier als Kennzeichnung einer bestimmten Meinung verstehen, so dass in allen Prämissen auf ein und dieselbe Meinung Bezug genommen wird, wobei das Argument aber offen lässt, um welche Meinung genau es sich handelt. So weit, so gut. Doch nun wird deutlich, dass die Prämissen (2) bis (4), deren Dann-Teile universelle Aussagen darstellen, völlig unplausibel sind und die Grundidee der Fallunterscheidung nicht einfangen können – im hermeneutischen Kleeblatt bewegen wir uns gerade auf der Schlaufe »Prämissen und Konklusion«. Machen wir das an Prämisse (2) klar. Vereinfacht gesagt behauptet (2): Wenn *eine bestimmte* Meinung wahr ist, dann darf *keine Meinung* (egal ob wahr oder falsch) unterdrückt werden. Das ist abwegig. Im Konsequens sollte natürlich nur über die Fälle geurteilt werden, auf die die Antezedensbedingungen zutreffen: Wenn *eine bestimmte* Meinung wahr ist, dann darf *diese bestimmte Meinung* nicht unterdrückt werden. Dazu muss das zentrale Argument modifiziert und prädikatenlogisch analysiert werden, womit wir die erste Schlaufe im hermeneutischen Kleeblatt abschließen und uns erneut in dessen Mitte befinden:

Tafel 2.8
```
<Zentrale Fallunterscheidung>
(1) Eine unterdrückte Meinung ist i. (möglicherweise) wahr,
    oder ii. (sicher) falsch, oder iii. partiell wahr.
(2) Wenn eine unterdrückte Meinung (möglicherweise) wahr
    ist, dann gilt: Jede Handlung, die darauf abzielt, Per-
    sonen daran zu hindern, frei *diese Meinung* zu äußern,
    ist falsch.
(3) Wenn eine unterdrückte Meinung (sicher) falsch ist,
    dann gilt: ...
(4) Wenn eine unterdrückte Meinung partiell wahr ist, dann
    gilt: ...
----
(5) [Zensurverbot]: Es ist falsch, Personen daran zu hin-
    dern, frei ihre Meinung zu äußern (ganz gleich worin
    diese Meinung besteht).
```

Das Argument ist, genau genommen, noch nicht deduktiv gültig (Schlaufe »Begründungsbeziehung« im hermeneutischen Kleeblatt). Die Prämissen quantifizieren über allen *unterdrückten* Meinungen, während die Konklusion das Zensurverbot in Bezug auf jedwede Meinung (ganz gleich ob unterdrückt oder nicht) behauptet. Tatsächlich können wir die Einschränkungen auf unterdrückte Meinungen in den Prämissen ohne weiteres aufheben. Die Prämissen büßen dadurch nichts an Plausibilität ein.

Ferner hilft uns diese Rekonstruktion, die eingangs diagnostizierte Mehrdeutigkeit der Fallunterscheidung wohlwollend aufzulösen. Denn die Prämisse (1) wird begrifflich wahr (Schlaufe »Prämissen und Konklusion« im hermeneutischen Kleeblatt), wenn wir die Fälle I und II *nicht* epistemisch charakterisieren und wie folgt präzisieren.

```
<Zentrale Fallunterscheidung>
(1) Eine Meinung ist i. gänzlich wahr, oder ii. gänzlich
    falsch, oder iii. partiell wahr.
(2) Wenn eine Meinung gänzlich wahr ist, dann gilt: Jede
    Handlung, die darauf abzielt, Personen daran zu hin-
    dern, frei *diese Meinung* zu äußern, ist falsch.
(3) Wenn eine Meinung gänzlich falsch ist, dann gilt: ...
(4) Wenn eine Meinung partiell wahr ist, dann gilt: ...
----
(5) [Zensurverbot]: Jede Handlung, die darauf abzielt, Per-
    sonen daran zu hindern, frei ihre Meinung zu äußern,
    ist falsch (ganz gleich worin diese Meinung besteht).
```

Tafel 2.9

Das so rekonstruierte Argument ist deduktiv gültig (Schlaufe »Begründungsbeziehung« im hermeneutischen Kleeblatt).

Die `<Zentrale Fallunterscheidung>` realisiert das folgende prädikatenlogische Schlussmuster:

Logisch-semantische Analyse

```
(1) (x): Wenn Fx, dann (Gx V Hx V Ix)
(2) (x)(y): Wenn Fx & Gx & Jy & Ryx, dann Ky
(3) (x)(y): Wenn Fx & Hx & Jy & Ryx, dann Ky
(4) (x)(y): Wenn Fx & Ix & Jy & Ryx, dann Ky
----
(5) (x)(y): Wenn Fx & Jy & Ryx, dann Ky
/*
    | F#: # ist eine Meinung
    | G#: # ist gänzlich wahr
    | H#: # ist gänzlich falsch
    | I#: # ist partiell wahr
    | J#: # ist eine Handlung
    | R#•: # zielt darauf ab, Personen daran zu hindern,
    frei ihre Meinung, dass •, zu äußern
    | K#: # ist falsch (verboten)
*/
```

Außerdem verdeutlicht dieses Argument, wie die verschiedenen Abschnitte des Kapitels argumentativ ineinandergreifen (Schlaufe »Dialektische Funktion« im hermeneutischen Kleeblatt). Jede der Prämissen (2), (3) und (4) spannt eine Teildebatte auf und wird in einem eigenen Abschnitt in Mills Kapitel (nämlich B, C und D) gesondert begründet und verteidigt.

2.3 | Rekonstruktion einer dialektischen Argumentation

Die argumentative Detailanalyse eines umfangreichen Textes ist ungleich schwieriger als die Rekonstruktion einer vorgefertigten Pro-Kontra-Liste, in der Argumente bereits auf ihren Kerngedanken kondensiert sind. Welche charakteristischen Probleme sich bei der Detailrekonstruktion eines Textes stellen und welche Lösungsstrategien es dafür gibt, vergegenwärtigen wir uns exemplarisch anhand der Rekonstruktion der Passagen C.2.1. bis C.2.4. (s. Tafel 2.4).

Das Argument »Keine Erkenntnis ohne Gründe« präsentiert Mill in dem folgenden Absatz (C.2.1.):

Es gibt eine Klasse von Menschen (glücklicherweise sind sie nicht mehr ganz so zahlreich wie früher), die denkt, es sei ausreichend, wenn jemand ohne Zweifel anzumelden dem beipflichtet, was sie für wahr halten, obgleich er keinerlei Kenntnis von den Gründen dieser Meinung hat und selbst gegen die oberflächlichsten Einwände keine tragfähige Verteidigung vorbringen könnte. Wenn es solche Personen erst einmal schaffen, dass ihre Überzeugung von Autoritäten gelehrt wird, dann denken sie natürlich, dass nichts Gutes, aber einiger Schaden entstehen könnte, wenn man erlaubte, diese in Frage zu stellen. Wo ihr Einfluss vorherrscht, da machen sie es fast unmöglich, eine hergebrachte Meinung klug und bedacht zu verwerfen, wenngleich sie immer noch voreilig und unwissend zurückgewiesen werden kann. Denn die Diskussion gänzlich auszuschließen ist selten möglich, und wenn der Einstieg in diese erst einmal gemacht worden ist, dann pflegen Meinungen, die sich nicht auf Überzeugung gründen, beim geringsten Anschein eines Argumentes zu weichen. Abgesehen jedoch von dieser Möglichkeit – nämlich anzunehmen, dass die wahre Meinung im Geist wohnt, aber als ein Vorurteil darin wohnt, als ein Glaube, der von Argumenten unabhängig und ihnen gar nicht zugänglich ist –, ist *dies* nicht die Art und Weise, wie die Wahrheit von einem vernünftigen Wesen erfasst werden sollte. *Das* heißt nicht, die Wahrheit zu erkennen. Eine Wahrheit, die *derart* aufgenommen wird, ist nur ein Aberglaube mehr, der sich bloß zufällig an die Worte klammert, die eine Wahrheit aussprechen. (ÜdF, S. 346, 22, kursiv G. B.)

Aus dem Kontext ist klar: Hier soll dafür argumentiert werden, dass eine Meinung, auch wenn sie falsch ist, nicht unterdrückt werden darf. Doch es ist nicht ganz einfach, in dem Text ein Argument für diese Aussage zu entdecken.

In den letzten Sätzen der zitierten Passage wird eine bestimmte Art und Weise der Überzeugungsbildung kritisiert: So sollten vernünftige Wesen die Wahrheit nicht erfassen, es handelt sich dabei gar nicht um Erkenntnis etc. Worin besteht die hier kritisierte Art und Weise der Überzeugungsbildung? Worauf beziehen sich die kursiv gesetzten Wörter »dies«, »das« und »derart« im zitierten Text? – Mutmaßlich kritisiert Mill, eine wahre Meinung zu akzeptieren, obgleich man keinerlei Kenntnis von den Gründen dieser Meinung hat und selbst gegen die oberflächlichsten Einwände keine »tragfähige Verteidigung vorbringen könnte« (siehe auch Kasten »Zur Vertiefung«).

Diese Interpretation stößt aber bei genauerer Lektüre des Textes auf Schwierigkeiten. Denn Mill schränkt die Kritik ein:

Abgesehen jedoch von dieser Möglichkeit – [...] –, ist *dies* nicht die Art und Weise, wie die Wahrheit von einem vernünftigen Wesen erfasst werden sollte.

Die Einschränkung besteht darin, dass Mill von dieser »Möglichkeit« absieht. Die Möglichkeit, von der abgesehen wird, gehört nicht zur von Mill kritisierten Form der Überzeugungsbildung. Der Einschub in Gedankenstrichen erläutert, was mit dieser »Möglichkeit« gemeint ist:

– nämlich anzunehmen, dass die wahre Meinung im Geist wohnt, aber als ein Vorurteil darin wohnt, als ein Glaube, der von Argumenten unabhängig und ihnen gar nicht zugänglich ist –

Das bedeutet nun aber, dass Mill diese Art und Weise der Überzeugungsbildung gerade *nicht* kritisiert – entgegen unserer obigen Interpretation. Aber was wird dann kritisiert? Verurteilt Mill vielleicht, Meinungen voreilig und beim »geringsten Anschein eines Argumentes« zu verwerfen? Das hat aber doch nichts mit »Aberglauben« zu tun...
Stößt man bei der argumentativen Analyse eines übersetzten Textes auf derartige Schwierigkeiten, ist es unbedingt empfehlenswert, den Originaltext oder – in Ermangelung geeigneter Sprachkenntnisse – eine alternative Übersetzung zu konsultieren!
Im englischen Original heißt es (Mill 2009):

[The received opinion] may still be rejected rashly and ignorantly, for to shut out discussion entirely is seldom possible, and when it once gets in, beliefs not founded on conviction are apt to give way before the slightest semblance of an argument. Waving, however, this possibility – assuming that the true opinion abides in the mind, but abides as a prejudice, a belief independent of, and proof against, argument – this is not the way in which truth ought to be held by a rational being.

Im Originaltext ist die Wendung »Waving, however, this possibility« mehrdeutig und kann so verstanden werden, dass sie sich auf den vorher *oder* auf den anschließend beschriebenen Fall bezieht. Die deutsche Übersetzung, mit der wir arbeiten, löst diese Mehrdeutigkeit zugunsten der zweiten Interpretation auf und erzeugt dadurch überhaupt erst unsere Rekonstruktionsschwierigkeiten. Nehmen wir hingegen an, dass das, wovon abgesehen werden soll, die zuvor erwähnte Unmöglichkeit ist, Diskussionen völlig zu unterbinden, so beschreibt der Einschub in Gedankenstrichen genau den Fall, der im Weiteren als irrational und als bloßer Aberglaube kritisiert wird. Folgende Übersetzung macht diese Interpretation transparent:

Denn die Diskussion gänzlich auszuschließen ist selten möglich, und wenn der Einstieg in diese erst einmal gemacht worden ist, dann pflegen Meinungen, die sich nicht auf Überzeugung gründen, beim geringsten Anschein eines Argumentes zu weichen. Ungeachtet dieser Möglichkeit gilt jedoch: anzunehmen, dass die wahre Meinung im Geist wohnt, aber als ein Vorurteil darin wohnt, als ein Glaube, der von Argumenten unabhängig und ihnen gar nicht zugänglich ist, ist nicht die Art und Weise, wie die Wahrheit von einem vernünftigen Wesen erfasst werden sollte. (Übers. G. B.)

Zur Vertiefung

Im vorliegenden Fall können wir also die Interpretationsschwierigkeit mittels Rückgriff auf den Originaltext ausräumen. Das gelingt aber freilich nicht immer. Häufig sind Unstimmigkeiten und Widersprüche eines Textes nicht bloß der Übersetzung geschuldet. Dann besteht eine wichtige Interpretationsentscheidung darin, festzulegen, welche Textstellen zwecks einer konsistenten Rekonstruktion ausgespart werden.

Damit ergibt sich als erste Rekonstruktion:

Tafel 2.10   `<Keine Erkenntnis ohne Gründe>`
`(1) Eine Meinung ist nur dann rationale Erkenntnis, wenn`
`    man die Begründung dieser Meinung kennt und die Meinung`
`    gegen Einwände verteidigen kann.`
`----`
`(2) Falsche Meinungen sollten nicht unterdrückt werden.`

Das Argument ist so selbstverständlich noch nicht deduktiv gültig. In der zitierten Passage stellt Mill noch zahlreiche weitere Behauptungen auf: dass es eine Klasse von Menschen gibt, die auf Zustimmung erpicht sind, dass solche Leute einen schädlichen Einfluss haben, dass Diskussionen aber niemals gänzlich unterbunden werden können … Doch *keine* dieser Aussagen hilft, die Kluft zwischen Prämisse (1) und Konklusion (2) zu überbrücken. All diese Aussagen sind für die Begründung der Konklusion irrelevant und in dieser Hinsicht eine bloße Abschweifung – sie finden sich daher zu Recht in der Rekonstruktion des Gedankengangs nicht wieder.

Maxime

> Texte enthalten in aller Regel *redundante und argumentativ irrelevante Passagen*, in denen bereits rekonstruierte Argumente und Thesen bloß wiederholt oder in denen Aussagen ohne jedwede argumentative Funktion getroffen werden. Es ist zulässig und folgerichtig, solche Passagen in der Argumentanalyse auszusparen. (Einen Textabschnitt als redundant oder irrelevant zu betrachten, ist selbst eine Interpretationsentscheidung, die im Laufe des Rekonstruktionsprozesses revidiert werden kann.)

Wie lässt sich der Schluss auf die Konklusion aber dann reparieren? Unterstellt man die grundlegende Norm, dass rationaler Wissenserwerb möglich sein sollte, so kann das Argument wie folgt verstanden werden:

Tafel 2.11   `<Keine Erkenntnis ohne Gründe>`
`(1) Die Bedingungen, die rationalen Wissenserwerb überhaupt`
`    erst möglich machen, sollten erfüllt sein.`
`(2) Rationaler Wissenserwerb setzt voraus, dass man die Be-`
`    gründung wahrer Meinungen kennt und diese Meinungen ge-`
`    gen Einwände verteidigen kann.`

```
(3) Man kennt nur dann die Begründung wahrer Meinungen und
    kann diese Meinungen nur dann gegen Einwände verteidi-
    gen, wenn falsche Meinungen nicht unterdrückt werden.
--
Kettenschluss und Modus barbara
--
(4) Falsche Meinungen sollten nicht unterdrückt werden.
```

Gemäß (2) und (3) ist es eine Bedingung rationaler Erkenntnis, dass falsche Meinungen nicht unterdrückt werden. Mit dem allgemeinen Prinzip (1) folgt daher die Konklusion.

Aus (2) und (3) folgt

Logisch-semantische Analyse

```
(3') Rationaler Wissenserwerb setzt voraus, dass falsche
     Meinungen nicht unterdrückt werden.
```

Folgende Reformulierung macht transparent, wie (1) auf (3') angewendet werden kann.

```
(1) Für jeden Sachverhalt S gilt: Wenn rationaler Wissens-
    erwerb voraussetzt, dass S besteht, dann sollte S be
    stehen.
```

Gehen wir weiter, zum Unterabschnitt C.2.2. Das <Argument geistiger Vervollkommnung> wird in einer kurzen Passage umrissen (vgl. ÜdF, S. 346 f., 23).

Abb. 2.1: Passage C.2.2. mit argumentativer Textannotation

Die Markierungen und Randnotizen illustrieren die Methode der argumentativen Textannotation nach Brun/Hirsch-Hadorn (2014, 212 f.). Alle argumentativ relevanten Aussagen werden nummeriert, Konklusionen unterstrichen, Prämissen in spitze Klammern gesetzt. Am Rand notiert man die inferentielle Struktur der Argumentation als Baumdiagramm mit Aussagennummern. In unserem Fall zeigt die Textannotation: Hier ist jeder Satz argumentativ relevant. Der so entschlüsselte Text lässt sich leicht in ein deduktiv gültiges Argument bringen.

Tafel 2.12

```
<Argument geistiger Vervollkommnung>
(1) Der Verstand und das Urteilsvermögen aller Menschen
    soll ausgebildet werden.
(2) Verstand und Urteilsvermögen lassen sich am besten üben
    am Beispiel von Meinungen höchster Wichtigkeit.
(3) Die geeignetste Übung für Verstand und Urteilsvermögen
    ist die Einsicht in die Gründe seiner Meinungen.
(4) Sollte eine Fähigkeit bei jedem Menschen ausgebildet
    werden, so sollte jeder die dafür geeignetste Übung an
    best-geeignetsten Beispielen durchführen.
----
(5) Jeder Mensch sollte die Gründe seiner wichtigsten Über-
    zeugungen einsehen.
(6) Menschen können nur dann die Gründe ihrer wichtigsten
    Überzeugungen einsehen, wenn falsche Meinungen nicht
    unterdrückt werden.
----
(7) Falsche Meinungen sollten nicht unterdrückt werden.
```

Die Zwischenkonklusion (5) folgt aus dem allgemeinen Prinzip (4), dessen Antezedensbedingungen mit (1) bis (3) erfüllt sind. Aus (5) und (6) folgt die Konklusion (7) dann mit Praktischem Syllogismus (siehe auch logisch-semantische Analyse).

Logisch-semantische Analyse

Die logische Form der Prämisse (4) wird in der folgenden Reformulierung transparent:

```
(4) Wenn (a) eine Fähigkeit x bei jedem Menschen ausgebil-
    det werden sollte und (b) y die dafür geeignetste Übung
    ist und (c) sich diese Fähigkeit am besten an Beispie-
    len z einüben lässt, so sollte jeder Übung y an Bei-
    spielen z durchführen.
```

Diese universelle Aussage lässt sich so spezialisieren, dass die Antezedensbedingungen (a), (b) und (c) den Prämissen (1), (2) und (3) entsprechen. Daher folgt die Zwischenkonklusion (5) aus (1) bis (4) mit Allspezialisierung und *Modus ponens*.
Der Schluss von (5) und (6) auf (7) ist ein »klassischer« praktischer Syllogismus der folgenden Form.

```
<Praktischer Syllogismus>
(1) Es ist geboten, dass Sachverhalt Z. /*Zwecksetzungsprä-
    misse*/
(2) Sachverhalt N ist eine notwendige Bedingung dafür, dass
    Z besteht. /*Notwendigkeitsprämisse*/
----
(3) Sachverhalt N ist geboten.
```
Schlüsse dieser Form sind (material) deduktiv gültig.

An das `<Argument geistiger Vervollkommnung>` schließt bei Mill eine
sich über zwei Seiten erstreckende Passage (C.2.3.–C.2.4.) an, in der Einwände und Erwiderungen einander Schlag auf Schlag folgen. Die Kerngedanken dieser verschiedenen Argumente aufgreifend, können wir den
dialektisch dichten Abschnitt als eine Gründehierarchie rekonstruieren,
deren Aufbau der Textchronologie entspricht.

```
<Argument geistiger Vervollkommnung>
   <- <Erkenntnis durch Belehrung>: Man kann die Gründe sei-
      ner Meinung sehr wohl ohne freie Diskussion einsehen,
      nämlich indem man über die relevanten Gründe belehrt
      wird.
      <+ <Geometrie>: Man erwirbt Wissen über geometrische
         Sachverhalte, indem man die Beweise studiert, ohne
         eine Gegenposition frei und kontrovers zu diskutie-
         ren.
         <- <Sonderfall Mathematik>: Bei der Mathematik han-
            delt es sich um einen Sonderfall, insofern es
            praktisch keine Einwande, sondern nur Beweise
            gibt. Bereits in den Naturwissenschaften muss
            man Pro- und Kontra-Gründe zur Kenntnis nehmen
            und abwägen; erst recht gilt dies für jede prak-
            tische Deliberation.
```

Tafel 2.13

```
<Kein Wissen ohne Gegengründe>: Wer zwar die Gründe für
eine These kennt, aber nicht imstande ist, die Argumente
der gegnerischen Seite zu widerlegen, oder nicht einmal
weiß, worin sie bestehen, sollte keiner von beiden Meinun-
gen den Vorzug geben und sich vernünftigerweise eines Ur-
teils enthalten.
   <- <Belehrung über Gegengründe>: Man kann die Gründe für
      und Einwände gegen seine Meinungen sowie deren Ent-
      kräftungen sehr wohl ohne freie Diskussion einsehen,
      nämlich indem man über die relevanten Argumente be-
      lehrt wird.
```

<- `<Belehrung ohne Wucht>`: Um die Einwände gegen seine Überzeugungen wirklich zu erkennen und deren Gewicht adäquat einschätzen zu können, muss man die ganze Wucht der Schwierigkeiten fühlen, auf welche die eigene Ansicht trifft. Das setzt voraus, die Einwände in ihrer glaubwürdigsten und überzeugendsten Form kennenzulernen. Und dazu genügt es nicht, die gegnerischen Argumente von seinen eigenen Lehrern zu hören, stattdessen muss man sie von Personen hören, die tatsächlich an sie glauben, die sie im Ernst verteidigen und ihr Äußerstes dafür geben.

<+ `<Holismus-Argument>`: Man überschaut nur dann die Erklärungs- und Rechtfertigungsbeziehungen in seinem Überzeugungssystem, man erkennt nur dann, dass Tatsachen, die sich dem Anschein nach widersprechen, miteinander vereinbar sind, und man sieht nur dann, dass von zwei scheinbar gleich starken Gründen dem einen und nicht dem anderen der Vorzug zu geben ist, wenn man neben den Gründen auch die Einwände gegen eine These und deren Entkräftungen kennt. Das setzt voraus, sich beiden Seiten gleichermaßen und unparteiisch zuzuwenden.

Hier stellen sich nun eine ganze Reihe von Fragen, z. B.: Wie beziehen sich diese Gründe auf die zentrale These des Abschnitts? Welche Verbindungen bestehen zwischen den zwei bisher unverknüpften Teilen der Gründehierarchie? Wie kommt das Argument `<Keine Erkenntnis ohne Gründe>` aus Unterabschnitt C.2.1. ins Spiel?

Das sind typische Fragen an eine Gründehierarchie, mit denen wir aus Kapitel 1 vertraut sind, und wir wissen, was als nächstes zu tun ist. Nämlich: weitere Thesen und Argumente ergänzen; Konklusionen explizieren und so Gründe in Argumente überführen; dialektische Beziehungen zwischen Argumenten anpassen; einzelne Argumente detailliert rekonstruieren.

Der bisherigen Rekonstruktion liegt die Interpretationshypothese zugrunde, dass Mill in den Unterabschnitten C.2.1. bis C.2.4. eine *dialektische Argumentation* entfaltet, d. h. dass hier verschiedene Argumente vorgetragen werden, die sich stützend und angreifend aufeinander beziehen.

Ein alternativer Interpretationsansatz ist es, in der umfangreichen Passage nicht eine komplexe, in viele Teilargumente zerfallende Argumentation, sondern ein einziges Argument zu sehen, mit dem die zentrale These des Abschnitts sehr differenziert und umsichtig begründet wird und das *dialektisch entwickelt* wird. Nicht die Argumentation selbst, sondern die Präsentation eines Arguments vollzieht sich im Wechselspiel von Einwand und Entkräftung (vgl. Betz 2010, S. 186 f.).

Das epistemische Master-Argument für die These, dass falsche Meinungen nicht unterdrückt werden dürfen, stellt sich am Ende der Passage C.2.1. bis C.2.4. wie folgt dar:

<Das epistemische Master-Argument>   Tafel 2.14

(1) Man erkennt höchstens dann, dass eine Meinung gut be-
     gründet ist, wenn man die Rechtfertigungs- und Erklä-
     rungsbeziehungen innerhalb seines Überzeugungssystems,
     die für eine bestimmte Meinung relevant sind, über-
     blickt.

(2) Die Rechtfertigungs- und Erklärungsbeziehungen inner-
     halb seines Überzeugungssystems, die für eine bestimmte
     Meinung relevant sind, überblickt man nur dann, wenn
     man sämtliche Gründe, die für und gegen diese Meinung
     sprechen, kennt und deren Gewicht adäquat einschätzen
     kann.

(3) Abgesehen von mathematischen Einsichten kennt man nur
     dann sämtliche Gründe, die für und gegen eine Meinung
     sprechen, und kann deren Gewicht nur dann adäquat ein-
     schätzen, wenn man insbesondere die Einwände in ihrer
     glaubwürdigsten und überzeugendsten Form kennengelernt
     hat.

(4) Man lernt Einwände nur dann in ihrer glaubwürdigsten
     und überzeugendsten Form kennen, wenn man sie von Per-
     sonen hört, die tatsächlich an sie glauben, die sie im
     Ernst verteidigen und ihr Äußerstes dafür geben.

(5) Man hört Einwände gegen eine Meinung nur dann von Per-
     sonen, die tatsächlich an sie glauben, die sie im Ernst
     verteidigen und ihr Äußerstes dafür geben, wenn diese
     Meinung frei diskutiert wird.

----

(6) Abgesehen von mathematischen Einsichten erkennt man
     höchstens dann, dass eine Meinung gut begründet ist,
     wenn diese Meinung frei diskutiert wird.

(7) Erkennt man nur dann, dass eine Meinung gut begründet
     ist, wenn diese Meinung frei diskutiert wird, so ist
     die freie Diskussion dieser Meinung eine Bedingung, die
     ihre rationale Erkenntnis überhaupt erst möglich macht.

(8) Für jede Meinung gilt: Die Bedingungen, die rationale
     Erkenntnis dieser Meinung überhaupt erst möglich ma-
     chen, sollten erfüllt sein.

----

(9) Abgesehen von mathematischen Einsichten sollten alle
     Meinungen frei diskutiert werden.

Das Argument ist deduktiv gültig (s. logisch-semantische Analyse). Es vereint zahlreiche Gedanken, die sich in der Gründehierarchie auf verschiedene Argumente verteilen. Und es bringt die argumentative Kernfunktion der komplexen Passage C.2.1. bis C.2.4. auf den Punkt.

Die Prämissen (1) bis (5) sind ineinander verkettete Aussagen über notwendige Bedingungen der Art:

```
(1)  Eine Meinung ist F nur dann, wenn sie G ist.
(2)  Eine Meinung ist G nur dann, wenn sie H ist.
     ...
```

dabei spricht allerdings Prämisse (3) nur über nicht-mathematische Meinungen.

```
     ...
(3)  Eine Meinung der Art non-M ist H nur dann, wenn sie I
     ist.
(4)  Eine Meinung ist I nur dann, wenn sie J ist.
(5)  Eine Meinung ist J nur dann, wenn sie K ist.
----
(6)  Eine Meinung der Art non-M ist F nur dann, wenn sie K
     ist.
```

Da sich aus den Prämissen (1), (2), (4) und (5) sofort die jeweiligen Einschränkungen auf non-M-Meinungen ergeben, folgt (6) per Transitivität
allquantifizierter Subjunktion aus (1) bis (5).
Dem zweiten Teilargument liegt dann diese gültige Schlussform (der Prä-
dikatenlogik zweiter Stufe) zugrunde:

```
     ...
(6)  Eine Meinung der Art non-M ist F nur dann, wenn sie K
     ist.
(7)  Ist eine Meinung nur F, wenn sie K ist, so ist K
     selbst, in Bezug auf diese Meinung, eine Eigenschaft
     der Art *A*.
(8)  Alle Eigenschaften der Art *A* in Bezug auf eine Meinung
     sollten auf diese Meinung auch zutreffen.
----
(9)  Eine Meinung der Art non-M sollte die Eigenschaft K be-
     sitzen.
```

Welcher der zwei Rekonstruktionsansätze – dialektische Argumentation
oder Master-Argument – liefert die bessere Analyse des Abschnitts C.2.1.
bis C.2.4.? Das lässt sich gar nicht pauschal beantworten. Denn es hängt
erstens davon ab, wie überzeugend sich die zwei alternativen Rekonstruktionen im Detail ausführen lassen und wie gut sie sich in die Gesamtanalyse des Textes einfügen. Dafür ist aber, zweitens, nicht zuletzt
ausschlaggebend, welche Ziele man mit der Rekonstruktion überhaupt
verfolgt. Ist das Interesse etwa ein rein systematisches, so kann es vor-
teilhaft sein, die argumentative Quintessenz eines Abschnitts in Form eines einzigen Arguments zusammenzufassen. Versucht man aber, den
Aufbau eines Gedankengangs in all seinen Verästelungen nachzuvollziehen, so ist eher die feingliedrige Rekonstruktion des Abschnitts als dialektische Argumentation angezeigt.

2.4 | Analyse von Beispielen mit Blick auf ihre argumentative Funktion

Beispiele können in Texten ganz verschiedene Funktionen besitzen und dementsprechend lassen sich Textstellen, in denen Beispiele geschildert werden, häufig ganz unterschiedlich interpretieren. Wie wertvoll die genaue Analyse von Beispielen für das argumentative Verständnis eines Textes ist, soll im Folgenden vor Augen geführt werden. Im Abschnitt C.3. (s. Tafel 2.4) bringt Mill detaillierte religionshistorische Beispiele an. Wir werden zunächst sehen, wie diese Beispiele wesentlich zur Klärung des *mehrdeutigen* <Arguments aus der Bedeutung> beitragen und dessen Rekonstruktion anleiten können. Dabei dienen die Beispiele der Erläuterung eines Arguments. Anschließend legen wir uns die Frage vor, ob die religionshistorischen Fallbeispiele auch eine eigenständige argumentative Funktion besitzen.

Im Unterabschnitt C.3.1. bringt Mill das zweite zentrale Argument für die These, dass die Äußerung und Diskussion falscher Meinungen nicht unterdrückt werden darf (s. Tafel 2.4). Ausbleibende freie Diskussion ist nicht nur ein »geistiges Übel«, wie das epistemische Argument nachweist, sondern auch ein »moralisches Übel« – ein »moral evil«:

Tatsache ist jedoch, dass bei Fehlen einer Diskussion nicht nur die Gründe der Meinung vergessen werden, sondern allzu oft auch die Bedeutung der Meinung selbst. Die Worte, die sie zum Ausdruck bringen, hören auf, Ideen anzuregen, oder inspirieren nur zu einem kleinen Teil die Ideen, die sie ursprünglich mitzuteilen bestimmt waren. Statt einer anschaulichen Vorstellung und eines lebendigen Glaubens bleiben nur einige auswendig gelernte Phrasen übrig; oder, falls doch ein Teil bestehen bleibt, dann ist es bloß die Schale und Hülse der Bedeutung, während die feinere Essenz verloren gegangen ist. (ÜdF, S. 351, 26)

Die Grundidee lässt sich in erster Näherung als praktischer Syllogismus einfangen:

<Argument aus der Bedeutung>   Tafel 2.15
(1) Wahre Meinungen sollten Bedeutung haben, Ideen anregen
     und lebendig sein.
(2) Meinungen haben nur dann Bedeutung, regen Ideen an und
     sind lebendig, wenn sie frei und uneingeschränkt dis-
     kutiert werden.
(3) Eine wahre Meinung wird nur dann frei und unein-
     geschränkt diskutiert, wenn die Äußerung der falschen
     Gegenmeinung nicht unterdrückt wird.
————
(4) Die Äußerung falscher Meinungen sollte nicht unter-
     drückt werden.

Unter logischen Gesichtspunkten ist der Schluss – entgegen dem ersten Anschein – nicht trivial (s. logisch-semantische Analyse).

Aus den Prämissen (2) und (3) folgt transparent die unten stehende Zwischenkonklusion (2'), so dass sich die deduktive Gültigkeit von <Argument aus der Bedeutung> auf die Gültigkeit des folgenden Schluss reduziert (in dem ein Prädikat »ohne Beschränkung der Allgemeinheit« vereinfacht wurden):

```
(1') Wahre Meinungen sollten Bedeutung haben.
     /*
         (x): Fx & Gx -> OHx
         F#: # ist eine Meinung
         G#: # ist wahr
         H#: # hat Bedeutung
         O%: Es sollte der Fall sein, dass %
     */
(2') Wahre Meinungen haben nur dann Bedeutung, wenn die Äu-
     ßerung der falschen Gegenmeinung nicht unterdrückt
     wird.
     /*
         (x): Fx & Gx & Hx -> Ix
         I#: die Äußerung der falschen Gegenmeinung von #
         wird nicht unterdrückt
     */
----
(4)  Die Äußerung falscher Meinungen sollte nicht unter-
     drückt werden.
```

Aus (1') und (2') folgt per »allquantifiziertem praktischen Syllogismus« die Zwischenkonklusion (3'), die sich – wie angegeben – auf zweierlei Weise analysieren lässt.

```
(1') ...
(2') ...
----
(3') Für jede wahre Meinungen gilt: Die Äußerung der fal-
     schen Gegenmeinung sollte nicht unterdrückt wird.
     /*
         (x): Fx & Gx -> OIx
     */
     /*
         (x)(y): Fx & Gx & Fy & ¬Gy & Rxy -> O¬Jy
         R#+: + ist die Gegenmeinung von #
         J#: die Äußerung von # wird unterdrückt
     */
```

(3') ist nicht mit der intendierten Konklusion (4) identisch (vgl. »Alle in einem Atommeiler verbauten Stahlträger dürfen nicht rosten« vs. »Alle Stahlträger dürfen nicht rosten«). Der Schluss auf (4) macht sich zu Nutze, dass jede falsche Meinung die Gegenmeinung zu einer wahren Meinung ist.

```
(3')  ...
(3'') Jede falsche Meinung ist die Gegenmeinung einer wahren
      Meinung.
      /*
         (y)(Ex): Fy & ¬Gy -> Fx & Gx & Rxy
      */
 ----
(4)   Die Äußerung falscher Meinungen sollte nicht unter-
      drückt werden.
      /*
         (y): Fy & ¬Gy -> O¬Jy
      */
```

Der Schluss aus (3') und (3'') auf (4) ist gültig und beruht auf dem folgenden prädikatenlogischen Schlussprinzip:

```
(1)   (x)(Ey): Ax -> Rxy
(2)   (x)(y): Ax & Rxy -> Bx
 ----
(3)   (x): Ax -> Bx
```

Der Gehalt des Gedankengangs ist in der ersten Analyse, die sich nah am
Text orientiert, noch unbestimmt. Was genau meint Mill, wenn er von der
Bedeutung, der Lebendigkeit und der Ideen-Anregung spricht? Verschlei-
ert die Mehrdeutigkeit den Gedankengang, verdeckt womöglich gar dessen Schwächen; oder nutzt Mill Mehrdeutigkeit hier geschickt als ein
sprachliches Mittel, mit dem die Vielschichtigkeit des Arguments effizient
ausgedrückt werden kann? Um das zu entscheiden, müssen wir die Unbestimmtheit auflösen.

Unbestimmtheit und Mehrdeutigkeit sind in der Argumentanalyse aufzulösen. Dabei sollte man ausgehend von jeder Option zur Auflösung
(d. h. ausgehend von jeder Interpretationsmöglichkeit) gesondert versuchen, den Gedanken wohlwollend zu rekonstruieren. Ergibt sich in
keiner Interpretationsmöglichkeit ein gutes Argument, so verdeckt die
Unbestimmtheit eine Schwäche der Begründung; ergibt sich je nach Interpretation jedoch ein anderes, gleichermaßen gutes Argument, markiert die Mehrdeutigkeit nur die Vielschichtigkeit des Gedankengangs.

Maxime

Ein erster Blickwinkel, aus dem man das Argument verstehen kann, ist
die sprachphilosophische Perspektive. Demgemäß behauptete Mill, dass
Meinungen ohne freie Diskussion genauso wenig Bedeutung wie die
sinnlosen Zeichenketten »Kein Wechtfing hat eine Klanse« oder »Gestern
war es kälter als draußen« besitzen. Meinungsäußerungen sind nur noch
Worthülsen, mit denen keine lebendigen Ideen korrespondieren. Zu-
gespitzt könnte man sagen: Es handelt sich nur noch um Scheinmeinungen.

Doch diese bedeutungstheoretische Rekonstruktion macht nicht verständlich, warum das Argument Mill zufolge zeigt, dass freie Diskussion ein »moralisches Übel« ist, und nicht bloß ein »geistiges«. »Moralisch« verwendet Mill hier in einem allgemeinen Sinne von »praktisch, das Handeln betreffend«. Und Scheinmeinungen sind zunächst ein geistiges, kein praktisches Problem.

Neben der sprachphilosophischen Lesart lässt sich das Argument allerdings auch psychologisch deuten: Meinungen hören auf, anregend und stimulierend zu sein, wenn man sie nicht frei diskutiert. Hierbei handelt es sich schon eher um ein praktisches Problem.

Das mehrschichtige <Argument aus der Bedeutung> wird in (C.3.1.) nur kurz präsentiert. Allerdings folgt darauf eine längere Passage (Unterabschnitte C.3.2. und C.3.3.), die die kurz skizzierte, ganz allgemein gehaltene Begründung sehr ausführlich am Beispiel des religiösen Glaubens illustrieren:

> Unter Christentum verstehe ich hier [...] die Maximen und Gebote des Neuen Testaments. Diese werden von allen bekennenden Christen als heilig erachtet und als Gesetz anerkannt. Und doch ist es kaum zu viel gesagt, dass nicht ein Christ unter tausend seine individuelle Lebensführung anhand dieser Gesetze ausrichtet oder überprüft. [...] Sie glauben sie, wie Leute an etwas glauben, was sie stets gelobt und nie diskutiert gehört haben. Aber im Sinn jenes lebendigen Glaubens, der die Lebensführung bestimmt, glauben sie an jene Lehren nur bis zu dem Punkt, bis zu dem es üblich ist, nach ihnen zu handeln. [...] Diese Lehren haben keinen Einfluss auf gewöhnliche Gläubige, sind keine Macht in ihrem Geist. [...] Wann immer die Lebensführung betroffen ist, sehen sich die Menschen nach Herrn A. und Herrn B. um, um sich von ihnen anweisen zu lassen, wie weit man im Gehorsam gegenüber Christus zu gehen hat. (ÜdF, S. 353 f., 28)

Versteht man diese Ausführungen zum religiösen Glauben als Erläuterungen des abstrakten Arguments, so wird deutlich, dass Mill weniger eine sprachphilosophische als vielmehr eine motivationale Lesart vor Augen hat. Denn die hier geschilderten religiösen Überzeugungen, als Beispiele für Meinungen ohne Bedeutung, sind natürlich nicht im engeren Sinne bedeutungslos (wie die Zeichenkette »Kein Wechtfing hat eine Klanse«). Es ist durchaus verständlich, was es heißt, dass man seine Feinde lieben solle. Nein, das charakteristische Merkmal der religiösen Meinungen ist, dass sie keinen Einfluss auf die Lebensführung haben. Die Lebendigkeit und die Bedeutung (»meaning«) einer Meinung besteht dementsprechend in ihrer motivationalen Kraft und handlungspraktischen Wirksamkeit.

Fassen wir die Diskussion des religiösen Glaubens in den Unterabschnitten C.3.2. und C.3.3. als Erläuterung und Präzisierung der allgemein gehaltenen Begründung in C.3.1. auf, so spricht viel für eine motivationale Deutung des Arguments. (Die Diskussion muss dabei offen lassen, ob sich die sprachphilosophische und motivationale Lesart des Arguments in C.3.1. möglicherweise vereinen lassen, da sie vermittels Mills bedeutungstheoretischer und handlungstheoretischer Hintergrundannahmen eng miteinander zusammenhängen, vgl. Kuenzle/Schefczyk 2009, S. 30 ff.).

Soweit zur klärenden und erläuternden Funktion der Beispiele. Mit Beispielen kann man aber nicht nur illustrieren, sondern auch auf vielfältige Weise argumentieren (s. Kasten »Zur Vertiefung«). Hat Mills ausführliche Diskussion religiöser Überzeugungen also zudem eine eigenständige argumentative Funktion, die über die bloße Klärung des Arguments in C.3.1. hinausgeht?

Zur Vertiefung

Beispiele können zu ganz verschiedenen argumentativen Zwecken angeführt werden.

Ein Beispiel kann etwa, als *Gegenbeispiel*, eine allgemeine Aussage widerlegen.

```
(1) Wickie der Wal ist ein Tier und kann sprechen.
----
(2) Es ist falsch, dass kein Tier sprechen kann.
```

Beispiele können auch als Vergleichsobjekte in *Analogieargumenten* dienen.

```
(1) Niemand versteht den Plot des letzten Films von D.L.
(2) Dieser Film ähnelt in jeder für seine Verständlich-
    keit relevanten Hinsicht dem letzten Film von D.L.
----
(3) Niemand versteht den Plot dieses Films.
```

Oder sie werden als *paradigmatische Fälle* verwendet.

```
(1) Norbert kann prädikatenlogisch schlussfolgern.
(2) Hinsichtlich seiner kognitiven Fähigkeiten ist Nor-
    bert ein typischer Viertklässler.
----
(3) Viertklässler können prädikatenlogisch schlussfolgern.
```

Auch in Argumenten *a fortiori* wird mit Beispielen operiert.

```
(1) Sirius ist der hellste Stern am Himmel.
(2) Selbst Sirius ist bei Tage nicht zu sehen.
----
(3) Kein Stern ist bei Tage zu sehen.
```

Diese vier Argumente sind deduktiv gültig bzw. lassen sich leicht um weitere Prämissen ergänzen, so dass dies der Fall ist.

Häufig werden Beispiele allerdings auch angeführt als *Belege* für eine Aussage, zur *induktiven Stützung*, als *empirische Bestätigung*. In einem solchen »Schluss« folgt die Konklusion nicht bereits logisch-begrifflich aus den sie stützenden Prämissen. Inwieweit sich derartige Bestätigungen einer These gleichwohl als deduktive Argumente rekonstruieren lassen – und welche Alternativen es dazu gibt, soll im Weiteren am Beispiel von Mills religionshistorischen Ausführungen verfolgt werden. Unsere Frage lautete: Besitzen die religionshistorischen Beispielfälle eine eigenständige argumentative Funktion?

In diesem Zusammenhang ist folgende Textstelle aus Unterabschnitt C.3.3. aufschlussreich, in der Mill die beispielhafte Erörterung religiöser Meinungen vertieft, indem er die Situation des Christentums im 18. Jahrhundert mit der der frühen Christen kontrastiert:

Nun können wir aber sehr sicher sein, dass sich die Sache zur Zeit der ersten Christen nicht so, sondern völlig anders verhielt. Wäre es so wie bei uns gewesen, dann hätte sich das Christentum niemals von einer obskuren Sekte verachteter Hebräer zur Religion des Römischen Reiches entwickelt. Als ihre Feinde sagten: »Seht, wie diese Christen einander lieben!« (eine Bemerkung, die heutzutage kaum einer machen würde), hatten diese sicherlich ein viel lebhafteres Gefühl von der Bedeutung ihres Glaubens, als sie es seither jemals gehabt haben. Und diesem Grund ist es wahrscheinlich hauptsächlich geschuldet, dass das Christentum jetzt so wenig Fortschritte in der Ausweitung seines Wirkungsgebiets macht und nach achtzehn Jahrhunderten immer noch nahezu nur auf Europäer und die Nachfahren von Europäern beschränkt ist. (ÜdF, S. 354, 29)

Gerade in dieser Gegenüberstellung können die Beispiele nun als historische Belege für das <Argument aus der Bedeutung> – und dort insbesondere für die Prämisse (2) – gewertet werden (s. Tafel 2.15). Die Interpretationshypothese, dass die Beispiele eine derartige argumentative Funktion erfüllen, lässt sich prüfen, indem man versucht, den Text entsprechend zu rekonstruieren. Das Argument skizzieren wir zunächst wie folgt:

Tafel 2.16 <Beleg durch Religionsgeschichte>: Der Glaube der frühen Christen hat ihre Lebensführung bestimmt und ist schließlich zu einer Staatsreligion geworden. Im 19. Jahrhundert hat der christliche Glaube keine motivationale Kraft mehr und breitet sich auch nicht aus. Das bestätigt: Meinungen haben nur dann Bedeutung, regen Ideen an und sind lebendig, wenn sie frei und uneingeschränkt diskutiert werden.

+><Argument aus der Bedeutung>

Warum bestätigt der religionshistorische Befund die sehr allgemeine These? Wieso besteht eine Begründungsbeziehung zwischen den spezifischen Prämissen und der generellen Konklusion? Solange wir diese Fragen nicht beantworten können, haben wir den Kerngedanken des Arguments letztlich nicht verstanden. Im folgenden Abschnitt untersuchen wir daher genauer, ob die religionshistorischen Fallbeispiele auch eine eigenständige argumentative Funktion besitzen, und rekonstruieren die Überlegung aus Tafel 2.16 im ersten Anlauf als einfachen Schluss auf die beste Erklärung. Die Rekonstruktion dieses Arguments als deduktiver Schluss (zum rekonstruktiven Deduktivismus s. Kap. 1.4) wirft indes Probleme auf. Daran anknüpfend illustrieren wir drei anspruchsvolle und weiterführende Rekonstruktionstechniken, mit denen sich gehaltserweiternde Begründungen, wie etwa die Bestätigung einer Hypothese durch Einzelbelege, angemessen analysieren lassen.

2.5 | Rekonstruktion eines Schlusses auf die beste Erklärung

Wie hängen also im `<Beleg durch Religionsgeschichte>` Prämissen und Konklusion zusammen? Zwischen Prämissen und Konklusion scheint jedenfalls eine Erklärungsbeziehung zu bestehen. Die Konklusion *erklärt*, warum die Prämissen der Fall sind. Diese Einsicht gibt einen Wink, wie die Begründungsbeziehung rekonstruiert werden könnte, nämlich als sogenannter Schluss auf die beste Erklärung. In der einfachsten Form besitzen Schlüsse auf die beste Erklärung zwei Prämissen, die erste Prämisse stellt den zu erklärenden Sachverhalt fest, die zweite Prämisse identifiziert die beste Erklärung der zu erklärenden Tatsache.

(1) [Ideengeschichtlicher Befund]: Der Glaube der frühen Christen hat ihre Lebensführung bestimmt und ist schließlich zu einer Staatsreligion geworden; im 19. Jahrhundert hat der christliche Glaube keine motivationale Kraft mehr und breitet sich auch nicht aus.

(2) Die beste Erklärung von @[Ideengeschichtlicher Befund] ist, dass Meinungen nur dann Bedeutung haben, Ideen anregen und lebendig sind, wenn sie frei und uneingeschränkt diskutiert werden.

--

Schluss auf die beste Erklärung

--

(3) [Keine Bedeutung ohne Diskussion]: Meinungen haben nur dann Bedeutung, regen Ideen an und sind lebendig, wenn sie frei und uneingeschränkt diskutiert werden.

Tafel 2.17

Die implizite Prämisse (2) ist eine ziemlich starke Behauptung – und steht sogar im Widerspruch zu Zugeständnissen, die Mill im Text macht.

Es gibt zweifellos *viele* Gründe, warum [solche] Lehren, die das entscheidende Merkmal einer Sekte sind, mehr von ihrer Lebenskraft bewahren als diejenigen, die allen anerkannten Sekten gemeinsam sind [...]. Aber ein Grund ist sicher der, dass diese besonderen Lehren mehr in Frage gestellt und häufiger gegen offene Leugner verteidigt werden müssen. (ÜdF, S. 354 f., 29, kursiv G. B.)

Anstatt zu behaupten, dass das Prinzip [Keine Bedeutung ohne Diskussion] die beste Erklärung für den historischen Befund ist, sollte Prämisse (2), um ihrer Plausibilität willen, nur schwächer behaupten, dass [Keine Bedeutung ohne Diskussion] *Teil* einer entsprechenden besten Erklärung ist.

Mit dieser Modifikation wird das rekonstruierte Argument zwar insgesamt glaubhafter, aber immer noch nicht deduktiv gültig. Dazu muss die Schlussregel des Schlusses auf die beste Erklärung als Prämisse eingefügt und der bisherigen Rekonstruktion angepasst werden:

Tafel 2.18

(1) [Ideengeschichtlicher Befund]
(2) Bestandteil der besten Erklärung des in @[Ideen-
    geschichtlicher Befund] beschriebenen Sachverhalts ist
    die Annahme, dass Meinungen nur dann Bedeutung haben,
    Ideen anregen und lebendig sind, wenn sie frei und un-
    eingeschränkt diskutiert werden.
(3) Ist die Annahme, dass A, Bestandteil der besten Erklä-
    rung einer Tatsache E, so gilt A.
----
(4) [Keine Bedeutung ohne Diskussion]: Meinungen haben nur
    dann Bedeutung, regen Ideen an und sind lebendig, wenn
    sie frei und uneingeschränkt diskutiert werden.

In dieser Rekonstruktion taucht aber eine weitere Schwierigkeit auf: Das als Prämisse (3) ergänzte Schlussprinzip ist unhaltbar, da durch unzählige Gegenbeispiele widerlegt. Verbrennung konnte man sich im 18. Jahrhundert nur unter der Annahme erklären, dass es Phlogiston gibt. Lange Zeit war die beste Erklärung für die Kraterform des Nördlinger Ries die Annahme, dass es durch vulkanische Aktivität entstanden ist. Dass ich im Spiel fünfzehnmal die Eins würfele, kann ich mir nur damit erklären, dass der Würfel nicht fair ist – dabei war es bloß Zufall. Manchmal ist die zu einem gegebenen Zeitpunkt beste Erklärung falsch und tatsächlich die zweit- oder drittbeste Erklärung richtig.

Es gibt drei Möglichkeiten, auf diese Schwierigkeit zu reagieren:
- *Strategie 1:* Verteidigung der Rekonstruktion mit falscher Schlussprämisse,
- *Strategie 2:* Abschwächung der Schlussprämisse,
- *Strategie 3:* Zwei-Ebenen-Analyse des Bestätigungsschlusses.

Gemäß der ersten Strategie (die Georg Brun erdacht hat, vgl. auch Brun/Betz 2016) verteidigt man die Rekonstruktion wie folgt: Die Schlussprämisse (3) ist offenkundig falsch. Das macht die Rekonstruktion aber nicht problematisch, insbesondere verletzt die Analyse nicht das Prinzip des Wohlwollens. Vielmehr ist es so, dass wir in zahlreichen Kontexten (und so auch Mill in Abschnitt C.3.3.) offenkundig falsche allgemeine Prinzipien unseren Überlegungen als »Default-Prinzipien« oder »Normalfall-Annahmen« zugrunde legen. Das Schlussprinzip des Schlusses auf die beste Erklärung unterstellen wir, weil dies *alles in allem* epistemisch zweckmäßig ist und in der Regel zu wahren Konklusionen führt. Und erst wenn andere Argumente gegenläufige Ergebnisse liefern, geben wir die allgemeine Schlussprämisse auf. Die Rekonstruktion in Tafel 2.18 ist daher nicht defekt, sondern spiegelt eine Eigentümlichkeit des gehaltserweiternden Argumentierens mit empirischen Befunden wider.

Demgegenüber gesteht die zweite Rekonstruktionsstrategie zu, dass das Argument modifiziert und die Schlussprämisse abgeschwächt werden muss. Dazu reicht es nicht, die Antezedensbedingungen von (3) zu stärken (z. B.: um die Bedingung zu ergänzen, dass Tatsache E nicht bloßem Zufall geschuldet und erklärungsbedürftig ist). Denn auch gegen so geänderte Prinzipien finden sich Gegenbeispiele, solange im Konsequens behauptet wird, die erklärende Annahme sei wahr. Deshalb muss das Konsequens von (3) modifiziert werden. Anstatt dort zu behaupten, die Erklärung sei wahr, ließe sich etwa sagen, die erklärende Annahme sei wahrscheinlich wahr oder es sei vernünftig, die Erklärung als richtig zu unterstellen.

Tafel 2.19

```
    ...
(3) Ist die Annahme, dass A, Bestandteil der besten Erklä-
    rung einer Tatsache E, so ist es vernünftig, A als wahr
    zu unterstellen.
----
(4) Es ist vernünftig, als wahr zu unterstellen, dass Mei-
    nungen nur dann Bedeutung haben, Ideen anregen und le-
    bendig sind, wenn sie frei und uneingeschränkt dis-
    kutiert werden.
```

Mit der Konsequensabschwächung von (3) ändert sich aber auch ganz analog die Konklusion des Arguments. Das wiederum heißt, dass die Konklusion nicht mehr mit der Prämisse (2) des <Arguments aus der Bedeutung> übereinstimmt und der Schluss auf die beste Erklärung daher jenes Argument – gemäß unserer Definition dialektischer Beziehungen (s. Kap. 1.3) – gar nicht stützt. Auch das ist allerdings kein unüberwindliches Problem (s. Kasten »Zur Vertiefung«).

Zur Vertiefung

Denn vielleicht deutet die Schwierigkeit, auf die wir hier stoßen, nur darauf hin, dass wir die dialektischen Beziehungen in Kapitel 1.3 ohnehin zu eng definiert haben. Definiert man hingegen, dass ein Argument A ein Argument B genau dann stützt, wenn die Konklusion von Argument A

a) mit einer Prämisse von Argument B identisch ist *oder*

b) in Bezug auf eine Prämisse von Argument B behauptet, dass es vernünftig ist, diese Prämisse als wahr anzunehmen,

so stützt der Schluss auf die beste Erklärung das <Argument aus der Bedeutung>. Um die Position eines Proponenten in einer komplexen Debatte zu bewerten, den Begründungsstatus einer These zu bestimmen oder die eigenen Überzeugungen auf Stimmigkeit zu prüfen – kurz: um die komplexe Argumentation zu evaluieren (vgl. etwa Brun/Betz 2016, 62–67; Betz 2010) – ist es dann geboten, in der Rekonstruktion zwischen der einfachen dialektischen Stützung (a) und der Meta-Stützung (b) zu unterscheiden.

Allerdings ist diese Erweiterung der dialektischen Beziehungen nicht einmal zwingend geboten, um die Interpretationsschwierigkeit zu beseitigen. Die in Tafel 2.19 angeführte Rekonstruktion, gemäß der der Schluss auf die beste Erklärung das <Argument aus der Bedeutung> *nicht* stützt, lässt sich wie folgt verteidigen: In einem logischen Sinne besteht zwischen dem Schluss auf die beste Erklärung und dem <Argument aus der Bedeutung> tatsächlich keine dialektische Beziehung. Gleichwohl muss, wenn man sich eine Meinung bezüglich der These [Keine Bedeutung ohne Diskussion] bildet, der Schluss auf die beste Erklärung genauso zur Kenntnis genommen werden wie ein Stützungsargument, dessen Konklusion mit der These [Keine Bedeutung ohne Diskussion] identisch ist. Denn die Konklusion des Schlusses auf die beste Erklärung äußert sich ja explizit zur rationalen Meinungsbildung bezüglich dieser Aussage. Ganz allgemein gilt, dass eine vernünftige Meinungsbildung bezüglich einer Aussage p zweierlei berücksichtigt: erstens alle inferentiellen Beziehungen, in denen die Aussage p zu anderen Aussagen steht, sowie zweitens alle Argumente, die für oder gegen normativ-doxastische Aussagen *über* die Aussage p sprechen. Rekonstruktionspraktisch bedeutet dies, dass es unproblematisch ist, eine komplexe, vielschichtige Argumentation um die These p als zwei miteinander unverbundene Argumentkarten zu rekonstruieren, nämlich

- als eine Argumentkarte (auf der »Objektebene«), in der die Aussage p als Prämisse und Konklusion in Argumenten fungiert und die die inferentiellen Beziehungen zwischen der Aussage p und weiteren Aussagen expliziert, sowie
- als eine Argumentkarte (auf der »Metaebene«) mit Argumenten für und gegen normativ-doxastische Aussagen, die sich zur rationalen Meinungsbildung bezüglich p äußern und insofern über die Aussage p sprechen.

Die Evaluation der Argumentation und insbesondere die rationale Meinungsbildung berücksichtigt dann beide Karten.

Damit zur dritten, oben unterschiedenen Strategie, der Zwei-Ebenen-Analyse des Bestätigungsschlusses. Warum fällt es uns eigentlich so schwer, Mills Diskussion der religionshistorischen Beispiele zu rekonstruieren? Eine Diagnose lautet: Weil wir versuchen, diese Überlegungen als ein Argument zu rekonstruieren, dessen inferentielle Funktion (abgebildet durch die dialektischen Beziehungen in der Karte) seiner epistemischen Funktion (Begründung einer bestimmten Aussage) entspricht. Vereinfacht gesagt: Wir rekonstruieren die Begründung so, dass die zu begründende Aussage die Konklusion des Arguments ist. Dieses Vorgehen ist üblich und für gewöhnlich auch zweckmäßig, aber eben nicht zwingend. Stattdessen kann man nämlich – auf der ersten Ebene – die *inferentiellen Beziehungen*, in denen die Aussagen über die historischen Beispiele stehen, losgelöst von intendierten Begründungsbeziehungen rekonstruieren, ohne dabei problematische implizite Prämissen zu unterstellen. Anschließend lässt sich dann – auf der zweiten Ebene – ausmachen, welche (womöglich vielfältigen) *Begründungsbeziehungen* in dem so rekonstruierten inferentiellen Netz bestehen. Setzen wir diese dritte Strategie um!

Welche unstrittigen, leicht zu rekonstruierenden inferentiellen Beziehungen bestehen zwischen den Aussagen, die uns hier interessieren? Folgen vielleicht aus der allgemeinen These [Keine Bedeutung ohne Diskussion] – bei entsprechender Anwendung auf die jeweilige historische Situation – die speziellen Befunde, wie die folgende Skizze andeutet?

Tafel 2.20

[Keine Bedeutung ohne Diskussion]: Meinungen haben nur dann Bedeutung, regen Ideen an und sind lebendig, wenn sie frei und uneingeschränkt diskutiert werden.
    +> <Brückenargument 1>
        +> [Ideengeschichtlicher Befund 1]: Der Glaube der frühen Christen hat ihre Lebensführung bestimmt.
    +> <Brückenargument 2>
        +> [Ideengeschichtlicher Befund 2]: Der Glaube der frühen Christen ist schließlich zu einer Staatsreligion geworden.
    +> <Brückenargument 3>
        +> [Ideengeschichtlicher Befund 3]: Im 19.Jahrhundert hat der christliche Glaube keine motivationale Kraft mehr.
    +> <Brückenargument 4>
        +> [Ideengeschichtlicher Befund 4]: Im 19.Jahrhundert breitet sich der christliche Glaube nicht aus.

Die Brückenargumente 3 und 4 lassen sich unter Hinzunahme weiterer impliziter Prämissen, die in Einklang mit dem Text stehen, wohlwollend rekonstruieren. Das gilt jedoch nicht für die Brückenargumente 1 und 2; die ideengeschichtlichen Befunde zum frühen Christentum folgen nicht einfach aus der These [Keine Bedeutung ohne Diskussion].

In welchen Beziehungen stehen die Befunde 1 und 2 denn dann zur allgemeinen These? Freilich, sie folgen aus der stärkeren These, der gemäß freie Diskussion notwendig *und* hinreichend für Bedeutung ist. Doch diese These ist inhaltlich fragwürdig und konfligiert mit Mills expliziten Zugeständnissen, weshalb wir sie nicht in die Rekonstruktion aufnehmen.

Um die argumentative Funktion der Befunde 1 und 2 zu verstehen, müssen wir etwas weiter ausholen und nochmals zu den Befunden 3 und 4 zurückkehren: Die Befunde 3 und 4 werden – logisch betrachtet – nicht nur von der These [Keine Bedeutung ohne Diskussion] impliziert, sondern natürlich auch von unzähligen weiteren allgemeinen Prinzipien, etwa:

Tafel 2.21

[Christliche Ethik übermenschlich]: Gemäß der christlichen Ethik zu handeln ist eine motivationale Überforderung und widerspricht den Gesetzen der menschlichen Psyche.
[Mangelnder missionarischer Eifer]: Dem Christentum fehlt es an inhärentem missionarischem Eifer, ohne den eine Religion nicht zum gesellschaftlichen ›Mainstream‹ werden kann.

Beide Alternativhypothesen implizieren den Befund 3 bzw. den Befund 4 – die Konjunktion der beiden Prinzipien nimmt in der inferentiellen Struktur die gleiche Stellung ein wie Mills These [Keine Bedeutung ohne Diskussion] und es ist daher nicht ersichtlich, wie die Gesamtargumentation zwar für die intendierte These aber nicht für die alternativen Prinzipien spricht.

Hier treten nun Befund 1 und 2 auf den Plan. Denn diese zwei ideengeschichtlichen Befunde widersprechen den Alternativprinzipien [Christliche Ethik übermenschlich] und [Mangelnder missionarischer Eifer]. Unter geeigneten, plausiblen Zusatzprämissen folgt aus den Prinzipien die Negation des jeweiligen Befundes. Die historischen Beispiele falsifizieren die Alternativprinzipien (gegeben geeignete Hintergrundannahmen). Es ergibt sich als dialektische Struktur:

Tafel 2.22

```
[Keine Bedeutung ohne Diskussion]
   +> <Brückenargument 3>
      +> [Ideengeschichtlicher Befund 3]
   +> <Brückenargument 4>
      +> [Ideengeschichtlicher Befund 4]


[Christliche Ethik übermenschlich]
   +> <Brückenargument 5>
      +> [Ideengeschichtlicher Befund 3]
   +> <Brückenargument 6>
      -> [Ideengeschichtlicher Befund 1]


[Mangelnder missionarischer Eifer]
   +> <Brückenargument 7>
      |> [Ideengeschichtlicher Befund 4]
   +> <Brückenargument 8>
      -> [Ideengeschichtlicher Befund 2]
```

Somit gilt *auf der ersten Ebene* (dargestellt in Tafel 2.22): Von den drei allgemeinen Prinzipien impliziert die These [Keine Bedeutung ohne Diskussion] zwei ideenhistorische Befunde, die Alternativprinzipien jeweils nur einen. Außerdem wird einzig Mills These *nicht* durch einen ideenhistorischen Befund widerlegt. Daher zeigt unsere Rekonstruktion – und nun wechseln wir auf die *zweite Ebene* –, dass die ideenhistorischen Belege die These [Keine Bedeutung ohne Diskussion] *bestätigen*, insofern nämlich diese These als einzige geeignet ist, die empirischen Befunde inferentiell zu vernetzen und so zu systematisieren. Damit schließen wie die Rekonstruktion Mills religionshistorischer Überlegungen als Zwei-Ebenen-Argumentation zugunsten der These [Keine Bedeutung ohne Diskussion] ab.

Zur Vertiefung

Eine allgemeine These, so unterstellen wir in der oben vorgetragenen Analyse, wird dadurch bestätigt, dass sich eine spezielle Folgerung der These als korrekt herausstellt. Diese Auffassung steht in Einklang sowohl mit der rawlsschen Methode des Überlegungsgleichgewichts (vgl. Pfister 2013, 135 f.) als auch mit dem Konzept der »hypothetisch-deduktiven« Bestätigung. Zwar ist das »hypothetisch-deduktive« Modell der Bestätigung in der wissenschaftstheoretischen Literatur nicht unumstritten (denn aus dem einfachem HD-Modell scheinen sich verschiedene Paradoxien zu ergeben, wie etwa die sogenannte Tacking-Paradoxie, der zufolge ein empirischer Beleg für die Hypothese *H* auch die Konjunktion von *H* und einer beliebigen Aussage *C* und damit die beliebig gewählte Aussage *C* stützt; und es ist eine offene Frage, ob und wie sich diese Paradoxien auflösen lassen, vgl. Schurz 2008, 106 ff.). Gleichwohl gehört der HD-Ansatz zum methodologischen Selbstverständnis vieler praktizierender Wissenschaftler und Wissenschaftlerinnen und beschreibt einen Großteil der argumentativen Praxis in den empirischen Wissenschaften zutreffend (vgl. Zimring 2019, 51 ff.).

Fassen wir die Abschnitte 2.4. bis 2.5. zusammen: Wir haben gesehen, wie die religionshistorischen Beispiele einerseits dazu dienen, einen vagen Gedankengang verständlicher zu machen und so dessen Rekonstruktion anzuleiten. Außerdem hat sich gezeigt, dass sich die Beispiele als eigenständige Begründungen, nämlich als Belege der allgemeinen These [Keine Bedeutung ohne Diskussion], verstehen lassen. Es wurden drei grundsätzliche Strategien zur Analyse solcher nicht-deduktiver Begründungen unterschieden: Argument mit falscher Schlussprämisse (Strategie 1); abgeschwächte Schlussprämisse (Strategie 2); Zwei-Ebenen-Analyse (Strategie 3). Jeder dieser Ansätze führt in dem hier behandelten Fall zu plausiblen Rekonstruktionen. Dabei hängen die verschiedenen Strategien systematisch miteinander zusammen: Die Zwei-Ebenen-Analyse rechtfertigt anhand ihrer detaillierten Rekonstruktion der inferentiellen Beziehungen auf der ersten Ebene die Behauptung auf der Meta-Ebene, dass eine bestimmte Aussage die beste Erklärung für die vorliegenden Belege ist. Deshalb lässt sich die Rekonstruktion als Schluss auf die beste Erklärung (mit abgeschwächter Schlussprämisse) deuten als eine reduzierte Rekonstruktion derjenigen Überlegung, die in der Zwei-Ebenen-Analyse auf der Meta-Ebene stattfindet. Das Argument mit falscher Schlussprämisse (Strategie 1) schließlich korrespondiert eng mit dem entsprechenden Meta-Argument (Strategie 2) und kann folglich als eine effektive Heuristik betrachtet werden.

Welche der systematisch zusammenhängenden Strategien am geeignetsten ist, hängt abermals vom Kontext der Argumentation, in den sich die Analyse einfügen soll, von den konkreten Zielen der Argumentationsanalyse sowie weiteren rein pragmatischen Gesichtspunkten (z. B. Adressaten der Analyse, Umfangsbegrenzung) ab. Wenn etwa die Beispiele, die als begründende Belege gedeutet werden, nicht im Zentrum der Gesamtargumentation stehen und deren Begründungsfunktion nicht zwingend aus dem Text hervorgeht, spricht vieles dafür, es bei einer einfachen Rekonstruktion als Schluss auf die beste Erklärung (Strategie 1 oder 2) zu belassen. Wenn hingegen die zentrale These ganz wesentlich durch exemplarische Belege begründet wird – wie das in wissenschaftlichen Kontroversen häufig der Fall ist – und das Rekonstruktionsziel darin besteht, diese Begründungsbeziehungen genau zu verstehen, dann sollten die inferentiellen Beziehungen zwischen der zentralen These, rivalisierenden Gegenthesen und den Beobachtungsaussagen (d. h. den Befunden) erstens *en detail* rekonstruiert und zweitens auf der Meta-Ebene evaluiert werden.

Fragen zum Weitermachen

---

1. Eingangs setzen wir als zentrale These Mills
[Zensurverbot]: Es ist falsch, Personen daran zu hindern,
frei ihre Meinung zu äußern, ohne dies ausführlich zu begründen.
In welcher Hinsicht kann diese These präzisiert, eingeschränkt und differenziert werden? Welche dieser Thesendifferenzierungen sind ggf. erforderlich und welche der entsprechend differenzierten Aussagen können
Mill zugeschrieben werden? Ist angesichts der Tatsache, dass Mill in Kapitel 2 von ÜdF einerseits epistemische und andererseits moralische Überlegungen anführt, insbesondere eine Differenzierung bezüglich der Art des
Verbotes angezeigt? Argumentiert Mill in Kapitel 2 dann überhaupt für *eine*
zentrale These?

---

2. Mill nennt am Ende von Kapitel 2 als zentrales Ergebnis die Einsicht,
dass »für das geistige Wohlergehen der Menschheit (von dem all ihr
anderes Wohlergehen abhängt) die Freiheit der Meinung und die Freiheit der Meinungsäußerung notwendig« (Üdf, S. 366, 40) ist. Was
ändert sich an der Rekonstruktion, wenn wir diese These als zentrale
These setzen? Wie könnte man ausgehend von dieser These für das
[Zensurverbot] oder eine entsprechend differenzierte These (s.
Frage 1) argumentieren?

---

3. Wie lässt sich der oben nachvollzogene, schrittweise Prozess der Interpretation und Rekonstruktion des Arguments <Keine Erkenntnis
ohne Gründe> (s. Tafeln 2.10–2.11) im Bild des hermeneutischen
Kleeblatts beschreiben?

---

4. Das Argument <Keine Erkenntnis ohne Gründe> (s. Tafel 2.11)
lässt sich alternativ so rekonstruieren, dass die Konklusion (4) mit
praktischem Syllogismus aus (1) sowie einer Zwischenkonklusion
aus (2) und (3) erschlossen wird. Wie lautet diese Zwischenkonklusion aus (2) und (3)? Und wie muss Prämisse (2) reformuliert werden, so dass transparent wird, wie die Zwischenkonklusion per Ket-
tenschluss folgt?

---

5. In Bezug auf die in Tafel 2.13 skizzierte Gründehierarchie stellen sich
etliche Fragen: Wie beziehen sich diese Gründe auf die zentrale These
des Abschnitts? Welche Verbindungen bestehen zwischen den zwei
bisher unverknüpften Teilen der Gründehierarchie? Wie kommt das
Argument <Keine Erkenntnis ohne Gründe> aus Unterabschnitt
C.2.1. ins Spiel? – Welche weiteren Fragen stellen sich? – Und wie
sind diese Fragen im Lichte einer detaillierten Argumentanalyse und
Rekonstruktion zu beantworten?

6. Wie lässt sich der oben nachvollzogene, schrittweise Prozess der Interpretation und Rekonstruktion des <Argument aus der Bedeutung> im Bild des hermeneutischen Kleeblatts beschreiben?

7. Zusätzlich zu den erwähnten Problemen einer sprachphilosophischen Interpretation des <Arguments aus der Bedeutung> (s. Tafel 2.15) stellt sich diese Schwierigkeit: In der sprachphilosophischen Lesart wird Prämisse (1), der zufolge wahre Meinungen bedeutungsvoll sein sollten, höchst unplausibel. Denn wahre Meinungen sind zwangsläufig bedeutungsvoll; bedeutungslose Meinungen (Scheinmeinungen, die in Scheinsätzen artikuliert werden) sind weder wahr noch falsch. Wie kann man das sprachphilosophisch verstandene <Argument aus der Bedeutung> rekonstruieren, so dass diesem Einwand Rechnung getragen wird?

8. Angenommen wir machen die zwei Lesarten von <Argument aus der Bedeutung> in zwei gesonderten und geeignet reformulierten Argumenten explizit und schreiben Mill eine pragmatistische Bedeutungstheorie zu, derzufolge – grob gesagt – die Bedeutung eines Satzes u. a. darin besteht, dass sein Gebrauch konsistent und in eine außersprachliche Praxis eingebettet ist. Welche inferentiellen Beziehungen etabliert eine solche Bedeutungstheorie zwischen den zwei differenzierten Argumenten? Wie lassen sich diese Beziehungen selbst als weitere Argumente rekonstruieren? Wie genau muss dafür die Bedeutungstheorie präzisiert werden? Welche weiteren Annahmen gehen in die Argumente ein?

9. Unsere sprachphilosophische Lesart des <Arguments aus der Bedeutung> lautete: Ohne freie Diskussion sind Meinungsäußerungen bedeutungsleere Worthülsen. Eine alternative sprachphilosophische Lesart dazu ist: Ohne freie Diskussion *verkennt* man die Bedeutung seiner Überzeugungen. Lässt sich ausgehend von dieser Interpretationsidee eine wohlwollendere Rekonstruktion erstellen, die womöglich auch Mills Text besser gerecht wird?

10. Im Vertiefungskasten zum Argumentieren mit Beispielen (s. Kap. 2.4) finden sich vier Argumente. Welche davon sind nicht deduktiv gültig? Welche Prämissen können in den ungültigen Argumenten ergänzt werden, so dass die Konklusion jeweils deduktiv folgt? Lassen sich zu diesem Zweck auch plausible universelle Prämissen ergänzen? Wie allgemein können solche Prämissen formuliert werden, ohne an Plausibilität einzubüßen?

11. Welche Prämissen gehen in die Brückenargumente 3 und 4 in der in Tafel 2.20 skizzierten Argumentkarte ein? Warum lassen sich die Brückenargumente 1 und 2 nicht gleichermaßen plausibel rekonstruieren?

12. Wie lassen sich die Brückenargumente 6 und 8 in der in Tafel 2.22 skizzierten Argumentkarte rekonstruieren?

13. Betrachten wir Mills religionshistorische Argumentation aus heutiger Perspektive und nehmen als weiteren Befund an:

[Ideengeschichtlicher Befund 5]: Obgleich in einigen weltoffenen und liberalen Metropolen des 20. Jahrhunderts völlig frei und uneingeschränkt öffentlich über atheistische und religiöse Gegenthesen zur christlichen Lehre diskutiert wurde, hat der christliche Glaube dort keine nennenswerte motivationale Kraft entfaltet.

Wie fügt sich dieser Befund in die Argumentation Mills, insbesondere in die dialektische Struktur in Tafel 2.22 ein? Falsifiziert dieser Befund Mills These? Oder wird Mills These bestätigt? Welche (womöglich in der Rekonstruktion noch gar nicht genannte) These wird von Befund 5 gestützt und wie steht diese gestützte These wiederum zu Mills These?

Literatur

Betz, Gregor. 2010. *Theorie dialektischer Strukturen*. Frankfurt a. M.: Klostermann.

Brun, Georg/Betz, Gregor. 2016. »Analysing practical argumentation«. *The Argumentative Turn in Policy Analysis. Reasoning about Uncertainty*. Hg. von Sven Ove Hansson und Gertrude Hirsch-Hadorn. Cham: Springer, 39–77.

Brun, Georg/Hirsch-Hadorn, Gertrude. 2014. *Textanalyse in den Wissenschaften: Inhalte und Argumente analysieren und verstehen*. 2. Aufl. Zürich: vdf Hochschulverlag.

Kuenzle, Dominique/Schefczyk, Michael. 2009. *John Stuart Mill zur Einführung*. Hamburg: Junius.

Mill, John Stuart. 2009. *On Liberty / Über die Freiheit*. Stuttgart: Reclam.

Mill, John Stuart. 2014. *Ausgewählte Werke*, Bd. III: *Freiheit, Fortschritt und die Aufgaben des Staates, Teil 1: Individuum, Moral und Gesellschaft*. Hg. von Michael Schefczyk und Christoph Schmidt-Petri. Hamburg: Murmann-Verlag. [ÜdF]

Pfister, Jonas. 2013. *Werkzeuge des Philosophierens*. Stuttgart: Reclam.

Schurz, Gerhard. 2008. *Einführung in die Wissenschaftstheorie*. 2., durchges. Aufl. Darmstadt: Wissenschaftliche Buchgesellschaft (WBG).

Zimring, James C. 2019. *What science is and how it really works*. Cambridge/New York: Cambridge University Press.

3 Argumentrekonstruktion im Doppelpassspiel: Analyse einer juristischen Argumentation

(1) Jeder hat das Recht, seine Meinung in Wort, Schrift und Bild frei zu äußern und zu verbreiten und sich aus allgemein zugänglichen Quellen ungehindert zu unterrichten. Die Pressefreiheit und die Freiheit der Berichterstattung durch Rundfunk und Film werden gewährleistet. Eine Zensur findet nicht statt. (2) Diese Rechte finden ihre Schranken in den Vorschriften der allgemeinen Gesetze, den gesetzlichen Bestimmungen zum Schutze der Jugend und in dem Recht der persönlichen Ehre. (Art. 5 GG)

Auf das in Artikel 5 des Grundgesetzes verbürgte Recht auf freie Meinungsäußerung berief sich Erich Lüth in einer Verfassungsbeschwerde, welche das Bundesverfassungsgericht (BVerfG) dazu veranlassen sollte, eines seiner bedeutendsten Urteile, das sogenannte Lüth-Urteil, zu fällen (vgl. Stamm 2001). Dies war geschehen: Lüth hatte im Herbst 1950 zum Boykott eines neuen Films von Veit Harlan – Regisseur und Produzent des Nazi-Propaganda-Films *Jud Süß* – aufgerufen. Das Landgericht Hamburg verurteilte Lüth im November 1951 dazu, die Boykott-Aufrufe zu unterlassen. Lüth legte gegen dieses Urteil eine Verfassungsbeschwerde ein. In dem als bahnbrechend angesehenen Lüth-Urteil gibt das BVerfG 1958 der Beschwerde statt und hebt das Urteil des Landgerichts auf.

In diesem Kapitel soll nachvollzogen werden, wie das BVerfG seine Entscheidung im Fall Lüth begründet, Grundlage dafür ist die schriftliche Urteilsbegründung (BVerfGE 7, 198 ff.). Das Kapitel gliedert sich dabei wie folgt: Erstens erstellen wir eine argumentative Übersicht der Urteilsbegründung, klären das Begründungsziel und entwickeln eine erste Rekonstruktion des zentralen Arguments der Urteilsbegründung (3.1). Die Berücksichtigung weiterer Textpassagen und Grundsätze des Urteils veranlasst uns indes, zweitens, die erste Rekonstruktion zu verwerfen und den zentralen Begründungsstrang neu zu rekonstruieren (3.2). Im Weiteren analysieren wir dann Abschnitt für Abschnitt der Urteilsbegründung, und das Kapitel gliedert sich ganz analog (3.3–3.6). Mit jedem weiteren

J. B. Metzler © Springer-Verlag GmbH Deutschland, ein Teil von Springer Nature, 2020
G. Betz, *Argumentationsanalyse*, https://doi.org/10.1007/978-3-476-05124-0_3

Abschnitt, den wir dabei hinzuziehen, rekonstruieren wir nicht nur neue, zusätzliche Argumente, sondern überarbeiten und präzisieren auch den zentralen Argumentationsstrang der Urteilsbegründung. Damit verfolgen wir parallel zwei Interpretationsansätze, die wir im vorherigen Kapitel (2.3) kennengelernt haben, nämlich die Rekonstruktion der Überlegungen (a) als dialektische Argumentation und (b) als dialektisch-präsentiertes Argument. Entsprechend fassen wir die Ergebnisse der umfangreichen Analyse in Form einer Argumentkarte sowie eines komplexen Argumentes abschließend zusammen (3.7).

Aufgrund der verwendeten Fachsprache, der rechtlichen Hintergrundannahmen und der Komplexität der Argumente ist die Rekonstruktion des Lüth-Urteils ungleich schwieriger als die Analysen der vorherigen Kapitel. Gleichwohl wenden wir im Prinzip dieselben Techniken und Methoden an wie zuvor. Insbesondere folgt der im Weiteren dokumentierte Rekonstruktionsprozess dem hermeneutischen Kleeblatt (s. Abb. 1.2) und bildet ein besonders prägnantes Beispiel für das iterative, durch fortwährende Reflexion und Revision gekennzeichnete Vorgehen bei der Argumentationsanalyse. Viel deutlicher noch als in den vorherigen Kapiteln wird sich dabei zeigen, wie sich Änderungen an einer Argumentrekonstruktion potentiell auf alle übrigen Argumentrekonstruktionen auswirken und entsprechende Modifikationen nach sich ziehen. Nicht nur die Detailrekonstruktion eines einzelnen Arguments ist daher ein iterativer Prozess. Sobald man mehrere, dialektisch zusammenhängende Argumente rekonstruiert, springt man fortwährend von der Analyse des einen Arguments zu der des anderen und zurück. Die Detailrekonstruktion dialektischer Argumentation vollzieht sich im »Doppelpassspiel«.

Verschaffen wir uns nach diesen einleitenden Bemerkungen zunächst einen Überblick!

3.1 | Erster Überblick: Textaufbau, These, grundlegende Annahmen, zentrale Argumentation

Das zu begründende Urteil formuliert das BVerfG wie folgt (»Entscheidungsformel«, vgl. auch ¶ [= Absatz] 75):

Das Urteil des Landgerichts Hamburg vom 22. November 1951 [...] verletzt das Grundrecht des Beschwerdeführers aus Art. 5 Abs. 1 Satz 1 des Grundgesetzes und wird deshalb aufgehoben. Die Sache wird an das Landgericht Hamburg zurückverwiesen.

Als Begründung dieser Entscheidung führt das BVerfG einen rund 22-seitigen Text an, der insgesamt 75 Absätze (¶¶ 1–75) umfasst und in zwei Abschnitte, A und B, gegliedert ist, wobei Abschnitt B in Unterabschnitte I–IV zerfällt. Nach einer sorgfältigen Lektüre können wir den Inhalt der Abschnitte wie folgt umreißen:

A. Hintergrund und Verlauf des bisherigen Rechtsstreits [¶¶ 1–18]
B. Entscheidungsbegründung im engeren Sinn [¶¶ 19–75]
    B.I.   Feststellung der Zulässigkeit der Verfassungs-beschwerde [¶ 19]
    B.II.   Allgemeine und fallunabhängige Erörterung der Bedeutung der Grundrechte, insbesondere der Meinungsfreiheit, für das Zivilrecht [¶¶ 20–40]
    B.III. Bewertung des Landgericht-Urteils im Fall Lüth aufgrund der vorstehenden allgemeinen Darlegungen [¶¶ 41–74]
    B.IV. Schluss: Konklusion [¶ 75]

Tafel 3.1

Dieser Aufbau legt die Vermutung nahe, dass die Entscheidung im Großen und Ganzen mit einem klassischen juristischen Syllogismus, also durch Subsumption eines Einzelfalles unter eine oder mehrere Normen, begründet wird. Abschnitt B.II etabliert die allgemeinen Normen, die in B.III auf den Fall Lüth angewendet werden, um in B.IV die Entscheidung zu erschließen.

Nach Robert Alexy hat **der juristische Syllogismus**, der immer im Zentrum juristischer Rechtfertigungen steht, im einfachsten Fall folgende Form (Alexy 1983, 274):

Zur Vertiefung

```
<Juristischer Syllogismus (einfach)>
(1) (x): Tx -> ORx /*Wenn auf eine beliebige Person der
    Tatbestand T zutrifft, dann sollte auf diese Person
    auch R zutreffen. */
(2) Ta /*Auf Person a trifft T zu.*/
- gültig -
(3) ORa /*Auf Person a sollte R zutreffen.*/
```

Häufig ist es aber nicht *eine* Norm, sondern es sind mehrere Normen und allgemeine Prinzipien, die auf einen Fall angewendet werden. Die Verwendung weiterer Prämissen kann zum Beispiel dann erforderlich werden, wenn unklar ist, ob im konkreten Fall T auf a zutrifft. Als allgemeinere Variante des juristischen Syllogismus gibt Alexy an:

```
<Juristischer Syllogismus (entfaltet)>
(1) (x): Tx -> ORx
(2) (x): M1x -> Tx
(3) (x): M2x -> M1x
    ...
(4) (x): Sx -> MNx
(5) Sa
-- gültig -
(6) ORa
```

Hierbei sind M1 bis MN sowie S einstellige Prädikate. Alexy spricht davon, dass die Prinzipien (2) bis (4) die zentrale Norm »entfalten«. Ein Grundprinzip der juristischen Argumentation nach Alexy ist es, eine anzuwendende Norm solange zu entfalten, bis die für den Schluss erforderliche singuläre Aussage – oben Prämisse (5) – unstrittig ist.

Die Grundidee der schrittweisen **Entfaltung einer rechtlichen Norm** wird sich als sehr hilfreich für die Interpretation und Rekonstruktion der Begründung des Lüth-Urteils des BVerfG erweisen.

In ¶ 40 hält das BVerfG die Ergebnisse des allgemeinen Teils B.II fest:

Es ergibt sich also: Auch Urteile des Zivilrichters, die auf Grund »allgemeiner Gesetze« bürgerlich-rechtlicher Art im Ergebnis zu einer Beschränkung der Meinungsfreiheit gelangen, können das Grundrecht aus Art. 5 Abs. 1 Satz 1 GG verletzen. Auch der Zivilrichter hat jeweils die Bedeutung des Grundrechts gegenüber dem Wert des im »allgemeinen Gesetz« geschützten Rechtsguts für den durch die Äußerung angeblich Verletzten abzuwägen. Die Entscheidung kann nur aus einer Gesamtanschauung des Einzelfalles unter Beachtung aller wesentlichen Umstände getroffen werden. Eine unrichtige Abwägung kann das Grundrecht verletzen und so die Verfassungsbeschwerde zum Bundesverfassungsgericht begründen. (BVerfG ¶ 40)

Daran knüpft die abschließende Schlussfolgerung an:

Das Bundesverfassungsgericht ist auf Grund dieser Erwägungen zu der Überzeugung gelangt, daß das Landgericht bei seiner Beurteilung des Verhaltens des Beschwerdeführers [E. Lüth] die besondere Bedeutung verkannt hat, die dem Grundrecht auf freie Meinungsäußerung auch dort zukommt, wo es mit privaten Interessen anderer in Konflikt tritt. Das Urteil des Landgerichts beruht auf diesem Verfehlen grundrechtlicher Maßstäbe und verletzt so das Grundrecht des Beschwerdeführers aus Art. 5 Abs. 1 Satz 1 GG. Es ist deshalb aufzuheben. (BVerfG ¶ 75)

In erster Näherung lässt sich das Master-Argument der Entscheidungsbegründung in folgende Form bringen:

Tafel 3.2 <Zentrale Entscheidungsbegründung>
(1) Ein Urteil eines Zivilrichters, das aufgrund »allgemeiner Gesetze« bürgerlich-rechtlicher Art im Ergebnis zu einer Beschränkung der Meinungsfreiheit gelangt, verletzt das Grundrecht aus Art. 5 Abs. 1 Satz 1 GG, wenn der Zivilrichter die Bedeutung des Grundrechts gegenüber dem Wert des im »allgemeinen Gesetz« geschützten Rechtsguts für den durch die Äußerung angeblich Verletzten unrichtig abwägt.
(2) Das Landgericht hat bei seiner Beurteilung des Verhaltens des Beschwerdeführers die besondere Bedeutung verkannt, die dem Grundrecht auf freie Meinungsäußerung auch dort zukommt, wo es mit privaten Interessen anderer in Konflikt tritt.
----

(3) Das Urteil des Landgerichts verletzt das Grundrecht des Beschwerdeführers aus Art. 5 Abs. 1 Satz 1 des Grundgesetzes und wird deshalb aufgehoben. Die Sache wird an das Landgericht Hamburg zurückverwiesen.

In dieser Fassung instantiiert Prämisse (2) indessen nicht eins-zu-eins die Antezedensbedingungen des Prinzips (1). So heißt es in (1), dass ein Gericht »unrichtig abwägt«, (2) stellt hingegen fest, dass »die besondere Bedeutung verkannt« wird. Wir präzisieren daher (1), passen die Formulierung von (2) an die von (1) an, ohne dass es dabei zu größeren Bedeutungsverschiebungen käme, und ergänzen eine implizite und scheinbar unstrittige Prämisse. So folgt der erste Satz der Entscheidungsformel; die weiteren Teilsätze erschließen wir mit einer zusätzlichen Prämisse.

<Zentrale Entscheidungsbegründung>   Tafel 3.3

(1) Ein Urteil eines Zivilrichters, das aufgrund »allgemeiner Gesetze« bürgerlich-rechtlicher Art im Ergebnis zu einer Beschränkung der Meinungsfreiheit gelangt, verletzt das Grundrecht des Verurteilten aus Art. 5 Abs. 1 Satz 1 GG, wenn der Zivilrichter in der Urteilsfindung die Bedeutung des Grundrechts gegenüber dem Wert des im »allgemeinen Gesetz« geschützten Rechtsguts für den durch die Äußerung angeblich Verletzten unrichtig abwägt.

(2) Das Landgericht hat bei seiner Urteilsfindung die Bedeutung des Grundrechts gegenüber dem Wert des im »allgemeinen Gesetz« geschützten Rechtsguts für den durch die Äußerung angeblich Verletzten unrichtig abgewogen.

(3) Das Urteil des Landgerichts ist ein Urteil eines Zivilrichters, das aufgrund »allgemeiner Gesetze« bürgerlich-rechtlicher Art (nämlich § 826 BGB) im Ergebnis zu einer Beschränkung der Meinungsfreiheit gelangt.

----

(4) Das Urteil des Landgerichts verletzt das Grundrecht des Verurteilten aus Art. 5 Abs. 1 Satz 1 des Grundgesetzes.

(5) Verletzt ein Urteil ein Grundrecht des Verurteilten, so wird das Urteil aufgehoben und die Sache wird an das urteilende Gericht zurückverwiesen.

----

(6) [Aufhebung und Zurückweisung]: Das Urteil des Landgerichts wird aufgehoben und die Sache wird an das Landgericht Hamburg zurückverwiesen.

Logisch-
semantische
Analyse

Die logisch-semantische Form von Prämisse (1) tritt in dieser Reformulierung deutlich zu Tage:

(1) Für jedes Urteil gilt: Wenn
    (a) es das Urteil eines Zivilrichters ist, das auf-
        grund »allgemeiner Gesetze« bürgerlich-rechtlicher
        Art im Ergebnis zu einer Beschränkung der Mei-
        nungsfreiheit gelangt und wenn
    (b) der urteilende Zivilrichter in der Urteilsfindung
        die Bedeutung des Grundrechts gegenüber dem Wert
        des im »allgemeinen Gesetz« geschützten Rechtsguts
        für den durch die Äußerung angeblich Verletzten
        unrichtig abwägt,
    dann verletzt das Urteil das Grundrecht des Verurteil-
    ten aus Art. 5 Abs.1 Satz 1 GG.

Die Prämissen (2) und (3) behaupten, dass die Bedingungen (a) und (b)
vom Urteil des Hamburger Landgerichts erfüllt sind. So folgt die Zwischenkonklusion (4); aus der auf analoge und transparente Weise mit
dem Prinzip (5) die Konklusion erschlossen wird.

Es wäre ein Leichtes, dem so rekonstruierten Argument die Form <Ju-
ristischer Syllogismus (einfach)> zu geben: (1) und (5) per Ket-
tenschluss zusammenziehen sowie als zweite Prämisse die Konjunktion
von (2) und (3) hinzufügen. Das resultierende Argument wäre aber aufgrund der zwei sehr komplexen Prämissen nur schwer zu durchschauen.

Die <Zentrale Entscheidungsbegründung> macht verständlich, wie
die Abschnitte B.II und B.III argumentativ ineinandergreifen. In B.III wird
die Prämisse (2) begründet, in B.II die Prämisse (1). Im weiteren Kapitel
beschränken wir unsere Analyse auf die Argumentation in B.II.

Abschnitt B.II umfasst 20 Absätze (¶¶ 20–40) und ist selbst in vier
Unterabschnitte geteilt.

Tafel 3.4

B.II.1. Drittwirkung der Grundrechte: Beeinflussung privat-
        rechtlicher Vorschriften durch die Grundrechte
        [¶¶ 21–29]
B.II.2. Sonderfall Artikel 5 GG: Beeinflussung privatrecht-
        licher Vorschriften durch das Grundrecht auf freie
        Meinungsäußerung und Wechselwirkungsthese [¶¶ 30–33]
B.II.3. Besonderer Schutz der freien Äußerung von Wert-
        urteilen und des damit verbundenen geistigen Wir-
        kens [¶¶ 34–37]
B.II.4. Normen des bürgerlichen Rechts können als »all-
        gemeine Gesetze« Meinungsfreiheit einschränken
        [¶¶ 38–40]

In B.II.1 wird die grundsätzliche Frage erörtert, ob und wie Grundrechte
die Auslegung und Anwendung des Zivilrechts beeinflussen. Das BVerfG
argumentiert, dass die Grundrechte wegen ihrer besonderen verfassungs-

rechtlichen Stellung auch auf das Zivilrecht ausstrahlen und dass entsprechende privatrechtliche Normen *im Lichte der Grundrechte* ausgelegt werden müssen. Grundrechte sind mehr als bloße Abwehrrechte des Individuums gegenüber dem Staat.

In B.II.2 bekräftigt das BVerfG, dass insbesondere auch Art. 5 GG auf das gesamte Zivilrecht ausstrahlt. Die Einschränkung des Grundrechts auf freie Meinungsäußerung in Art. 5 Abs. 2 GG durch »allgemeine Gesetze« steht der »Drittwirkung« dieses Grundrechts nicht entgegen. Vielmehr sind die einschränkenden »allgemeinen Gesetze« selbst im Sinne des Art. 5 GG (sowie anderer Grundrechte) zu interpretieren.

In B.II.3 wird der Begriff des allgemeinen Gesetzes erläutert. Aus dieser Erläuterung ergibt sich, so das BVerfG, dass insbesondere die freie Äußerung von Werturteilen und das damit verbundene »geistige Wirken« (Beeinflussung der gesellschaftlichen Meinungsbildung) durch Art. 5 GG geschützt sind. Ferner könne nur durch eine umfassende Güterabwägung entschieden werden, ob in einem bestimmten Fall das Recht auf freie Meinungsäußerung oder das durch »allgemeine Gesetze« geschützte Rechtsgut schutzwürdiger sei.

In B.II.4 wird festgehalten, dass auch zivilrechtliche Normen »allgemeine Gesetze« im Sinne des Art. 5 Abs. 2 GG sein können.

Bereits in dieser kurzen Inhaltsangabe zeichnet sich eine Grundtendenz in B.II ab: Nämlich ein Übergang von allgemeinen zu immer spezifischeren Überlegungen. Wie aber *genau* die Argumentation zugunsten Prämisse (1) der <Zentralen Entscheidungsbegründung> verläuft, welche Begründungsfunktion die jeweiligen Teilüberlegungen haben, bleibt vorerst dunkel. Wie gehen wir weiter vor? Naheliegend wäre es, zunächst eine ausführlichere Inhaltsangabe der Abschnitte B.II.1 bis B.II.4 anzufertigen, womöglich eine Gründehierarchie zu erstellen, um dann schrittweise die einzelnen Argumente logisch und detailliert zu rekonstruieren. Ein solches Vorgehen ist uns aus den Kapiteln 1 und 2 vertraut. Im vorliegenden Fall können wir uns jedoch zu Nutze machen, dass das BVerfG der Entscheidung sieben verfassungstheoretische Grundsätze vorangestellt hat, von denen sechs zur Argumentation in B.II gehören (im Folgenden ersetzen »GS1« etc. die arabischen Ziffern im Original):

GS1) Die Grundrechte sind in erster Linie Abwehrrechte des Bürgers gegen den Staat; in den Grundrechtsbestimmungen des Grundgesetzes verkörpert sich aber auch eine objektive Wertordnung, die als verfassungsrechtliche Grundentscheidung für alle Bereiche des Rechts gilt. (Vgl. B.II.1, ¶ 25)

GS2) Im bürgerlichen Recht entfaltet sich der Rechtsgehalt der Grundrechte mittelbar durch die privatrechtlichen Vorschriften. Er ergreift vor allem Bestimmungen zwingenden Charakters und ist für den Richter besonders realisierbar durch die Generalklauseln. (Vgl. B.II.1, ¶¶ 25–27)

GS3) Der Zivilrichter kann durch sein Urteil Grundrechte verletzen (§ 90 BVerfGG), wenn er die Einwirkung der Grundrechte auf das bürgerliche Recht verkennt. Das Bundesverfassungsgericht prüft zivilgerichtliche Urteile nur auf solche Verletzungen von Grundrechten, nicht allgemein auf Rechtsfehler nach. (Vgl. B.II.1, ¶ 28)

GS4) Auch zivilrechtliche Vorschriften können »allgemeine Gesetze« im Sinne des Art. 5 Abs. 2 GG sein und so das Grundrecht auf Freiheit der Meinungsäußerung beschränken. (Vgl. B.II.4, ¶38)

GS5) Die »allgemeinen Gesetze« müssen im Lichte der besonderen Bedeutung des Grundrechts der freien Meinungsäußerung für den freiheitlichen demokratischen Staat ausgelegt werden. (Vgl. B.II.2, ¶32)

GS6) Das Grundrecht des Art. 5 GG schützt nicht nur das Äußern einer Meinung als solches, sondern auch das geistige Wirken durch die Meinungsäußerung. (Vgl. B.II.3, ¶36)

In Klammern ist hier vermerkt, in welchen Unterabschnitten von B.II mit der jeweiligen Aussage argumentiert wird, woraus ersichtlich wird, dass die Reihenfolge der Grundsätze GS1 bis GS6 nicht der Textchronologie in B.II entspricht. Lässt sich allein mit diesen Thesen gleichwohl ein grobes und vorläufiges Bild davon zeichnen, wie die Prämisse (1) der <Zentralen Entscheidungsbegründung> begründet wird?

Diese Prämisse (1) formuliert eine hinreichende Bedingung dafür, dass ein Zivilrichter Grundrechte verletzt. Ganz ähnlich der Grundsatz GS3. Auch hier wird eine hinreichende Bedingung für eine richterliche Grundrechteverletzung angegeben – zumindest, wenn wir die Kann-Formulierung streichen. Die in GS3 genannte hinreichende Bedingung ist zudem viel allgemeiner als die in Prämisse (1), so dass wir, im ersten Schritt, GS3 als Teil einer Begründung der ersten Prämisse ansehen können. GS1 und GS2 könnten wiederum in eine Begründung von GS3 eingehen. Die Grundsätze GS4 bis GS6 schließlich, die sich speziell auf Art. 5 GG beziehen, scheinen für die Argumentation ausgehend von GS3 und zugunsten der ersten Prämisse in der <Zentralen Entscheidungsbegründung> relevant zu werden.

Versuchen wir daher als erste Rekonstruktion:

Tafel 3.5   <Anwendung GS3 auf Meinungsfreiheit>

(1)   Der Zivilrichter verletzt durch sein Urteil Grundrechte, wenn er die Einwirkung der Grundrechte auf das bürgerliche Recht verkennt. (GS3)

(2)   ...

----

(3)   Ein Urteil eines Zivilrichters, das aufgrund »allgemeiner Gesetze« bürgerlich-rechtlicher Art im Ergebnis zu einer Beschränkung der Meinungsfreiheit gelangt, verletzt das Grundrecht des Verurteilten aus Art. 5 Abs. 1 Satz 1 GG, wenn der Zivilrichter in der Urteilsfindung die Bedeutung des Grundrechts gegenüber dem Wert des im »allgemeinen Gesetz« geschützten Rechtsguts für den durch die Äußerung angeblich Verletzten unrichtig abwägt.
      +> <Zentrale Entscheidungsbegründung>

Mit folgender Prämisse wird der Schluss (bei geeigneter Lesart der ersten Prämisse) deduktiv gültig.

(2) Wenn ein Zivilrichter in einem Urteil, das aufgrund »allgemeiner Gesetze« bürgerlich-rechtlicher Art im Ergebnis zu einer Beschränkung der Meinungsfreiheit gelangt, die Bedeutung des Grundrechts der Meinungsfreiheit gegenüber dem Wert des im »allgemeinen Gesetz« geschützten Rechtsguts für den durch die Äußerung angeblich Verletzten unrichtig abwägt, dann verkennt er die Einwirkung dieses Grundrechts auf das bürgerliche Recht. | Tafel 3.6

Diese Rekonstruktion macht allerdings noch nicht deutlich, dass sich Prämisse (1) in der <Zentralen Entscheidungsbegründung> weitestgehend aus einer Spezialisierung des Grundsatzes GS3 ergibt. Logisch gesehen wird in GS3 über alle Urteile, über alle Grundrechte und über alle Normen des bürgerlichen Rechts quantifiziert. Ohne weitere Prämissen lässt sich GS3 auf die besondere Art von Urteilen, die hier von Interesse sind, sowie auf das Grundrecht auf Meinungsfreiheit spezialisieren. Um auf die intendierte Konklusion zu schließen, müssen wir als Prämisse anschließend nur hinzufügen, dass eine unrichtige Abwägung von Grundrecht und privatrechtlichem Rechtsgut bedeutet, die Einwirkung des jeweiligen Grundrechts zu verkennen.

<Anwendung GS3 auf Meinungsfreiheit> | Tafel 3.7

(1) Für alle Urteile, jedes Grundrecht und alle Normen des bürgerlichen Rechts gilt: Der Zivilrichter verletzt durch sein Urteil das jeweilige Grundrecht, wenn er die Einwirkung des Grundrechts auf die anzuwendende Norm des bürgerlichen Rechts verkennt. (GS3)

– – – –

(2) Der Zivilrichter verletzt durch sein Urteil, welches aufgrund »allgemeiner Gesetze« bürgerlich-rechtlicher Art im Ergebnis zu einer Beschränkung der Meinungsfreiheit gelangt (Art. 5 Abs. 2 GG), das Grundrecht auf Meinungsfreiheit (Art. 5 Abs. 1 GG), wenn er die Einwirkung dieses Grundrechts auf das jeweilig anzuwendende »allgemeine Gesetz« (bürgerlich-rechtlicher Art) verkennt.

(3) Wenn ein Zivilrichter in einem Urteil, welches aufgrund »allgemeiner Gesetze« bürgerlich-rechtlicher Art im Ergebnis zu einer Beschränkung der Meinungsfreiheit gelangt (Art. 5 Abs. 2 GG), die Bedeutung des Grundrechts gegenüber dem Wert des im »allgemeinen Gesetz« geschützten Rechtsguts unrichtig abwägt, dann verkennt er die Einwirkung dieses Grundrechts auf das jeweilig anzuwendende »allgemeine Gesetz«.

– – – –

```
(4) Ein Urteil eines Zivilrichters, das aufgrund »allgemei-
    ner Gesetze« bürgerlich-rechtlicher Art im Ergebnis zu
    einer Beschränkung der Meinungsfreiheit gelangt, ver-
    letzt das Grundrecht des Verurteilten aus Art. 5 Abs.1
    Satz 1 GG, wenn der Zivilrichter in der Urteilsfindung
    die Bedeutung des Grundrechts gegenüber dem Wert des im
    »allgemeinen Gesetz« geschützten Rechtsguts für den
    durch die Äußerung angeblich Verletzten unrichtig ab-
    wägt.
    +>  <Zentrale Entscheidungsbegründung>
```

Logisch-semantische Analyse

Der Schluss auf (2) ist nicht trivial und beinhaltet mehr als eine bloße Allspezialisierung. Das wird sichtbar, wenn wir die Aussagen (1) und (2) in logische Stromlinienform bringen.

```
(1) Für alle Urteile, jedes Grundrecht und alle Normen des
    bürgerlichen Rechts gilt: Wenn
    (a)   das Urteil von einem Zivilrichter gefällt wird,
    (b)   die Norm in dem Urteil anzuwenden ist und
    (c)   der urteilende Richter die Einwirkung des Grund-
          rechts auf die Norm verkennt,
    dann verletzt der Richter durch sein Urteil das jewei-
    lige Grundrecht. (GS3)
----
(2) Für alle Urteile und alle Normen des bürgerlichen
    Rechts gilt: Wenn
    (a)   das Urteil von einem Zivilrichter gefällt wird,
    (b)   die Norm in dem Urteil anzuwenden ist,
    (b*)  der urteilende Richter aufgrund der Norm als »all-
          gemeines Gesetz« im Ergebnis zu einer Beschränkung
          der Meinungsfreiheit gelangt (Art. 5 Abs.2 GG) und
    (c)   der urteilende Richter die Einwirkung des Grund-
          rechts auf Meinungsfreiheit (Art. 5 Abs.1 GG) auf
          die Norm verkennt,
    dann verletzt der Richter durch sein Urteil das Grund-
    recht auf Meinungsfreiheit.
```

So wird klar, dass erstens mit Allspezialisierung (auf das Grundrecht auf Meinungsfreiheit) und zweitens mit Antezedensstärkung allquantifizierter Subjunktion geschlossen wird, d. h.:

```
(1) (x): Fx -> Hx
-- Antezedensstärkung -
(2) (x): Fx&Gx -> Hx
```

Die Antezedensbedingungen drücken teils komplexe Relationen aus. So lässt sich etwa (c) analysieren als:

```
(c) Verk(u,g,n): der das Urteil u sprechende Richter ver-
    kennt die Einwirkung des Grundrechts g auf die Norm n
```

Interpretiert man (3) und (4) analog zu (2), so folgt die Konklusion sehr einfach.

Das Argument <Anwendung GS3 auf Meinungsfreiheit> stützt die <zentrale Entscheidungsbegründung> und macht so verständlich, wie GS3 in die Urteilsbegründung ganz wesentlich einfließt. Offen ist aber, welche Funktionen die weiteren Grundsätze haben. Lassen sich insbesondere folgende Interpretationshypothesen, die wir oben formulierten, erhärten?

- Hypothese: Die allgemeinen Grundsätze GS1 und GS2 begründen den Grundsatz GS3.
- Hypothese: Die spezifischen Grundsätze GS4–GS6 stützen die Argumentation, die von GS3 ausgeht.

Wir gehen zur Prüfung dieser Vermutung die vier Unterabschnitte B.II.1. bis B.II.4 durch, beginnend mit B.II.1 und der ersten Hypothese.

3.2 | Erneute Analyse des zentralen Argumentationsstrangs

In ¶¶ 25–28 wird der Grundsatz GS3 begründet. Der Text ist argumentativ sehr dicht und teils voraussetzungsreich. Wir nähern uns ihm abermals über eine Inhaltsangabe.

In ¶ 25 stellt das BVerfG fest, dass die Grundrechte nicht nur die Funktion von Abwehrrechten besitzen, sondern auch eine »objektive Wertordnung« darstellen, d. h. sie sind allgemeinverbindliche Normen des gesellschaftlich-politischen Zusammenlebens oder – philosophisch: – Prinzipien der Gerechtigkeit. Als Teil der Verfassung wirken sich die Grundrechte als Prinzipien der Gerechtigkeit auf alle Gebiete des Rechts, insbesondere auf das Zivilrecht aus (s. Grundsatz GS1).

In ¶¶ 26–27 beschreibt das BVerfG, was es genau heißt, dass die Grundrechte auf das bürgerliche Recht ausstrahlen: Privatrechtliche Vorschriften müssen im Lichte der Grundrechte ausgelegt werden – selbst dann, wenn diese Vorschriften älter als das Grundgesetz sind. Das Einfallstor der Grundrechte sind dabei die sogenannten Generalklauseln im Zivilrecht, die zur Beurteilung menschlichen Verhaltens auf außerrechtliche Maßstäbe verweisen (s. Grundsatz GS2). Außerdem argumentiert das BVerfG, dass Grundrechte vor allem auf zivilrechtliche Vorschriften, die zwingendes Recht enthalten, einwirken, weil diese eine große Ähnlichkeit zum öffentlichen Recht aufweisen (s. Grundsatz GS2).

In ¶ 28 schlägt das BVerfG schließlich die Brücke zur möglichen Grundrechteverletzung durch Zivilrichter. Berücksichtigt ein Zivilrichter nicht, dass ein Grundrecht auf den bürgerlichen Rechtsstreit ausstrahlt, so verletzt er erstens dieses Grundrecht selbst, zweitens aber verstößt er auch gegen Artikel 1 Absatz 3 GG, der die Rechtsprechung an die Grundrechte bindet (s. Grundsatz GS3).

Wir konzentrieren uns zunächst auf ¶ 25 und ¶ 28, die hier in voller Länge wiedergegeben sind:

Ebenso richtig ist aber, daß das Grundgesetz, das keine wertneutrale Ordnung sein will (BVerfGE 2, 1 [12]; 5, 85 [134 ff., 197 ff.]; 6, 32 [40 f.]), in seinem Grundrechtsabschnitt auch eine objektive Wertordnung aufgerichtet hat und daß gerade hierin eine prinzipielle Verstärkung der Geltungskraft der Grundrechte zum Ausdruck kommt (Klein-v. Mangoldt, Das Bonner Grundgesetz, Vorbem. B III 4 vor Art. 1 S. 93). Dieses Wertsystem, das seinen Mittelpunkt in der innerhalb der sozialen Gemeinschaft sich frei entfaltenden menschlichen Persönlichkeit und ihrer Würde findet, muß als verfassungsrechtliche Grundentscheidung für alle Bereiche des Rechts gelten; Gesetzgebung, Verwaltung und Rechtsprechung empfangen von ihm Richtlinien und Impulse. So beeinflusst es selbstverständlich auch das bürgerliche Recht; keine bürgerlich-rechtliche Vorschrift darf in Widerspruch zu ihm stehen, jede muß in seinem Geiste ausgelegt werden. (BVerfG ¶ 25)

Der Richter hat kraft Verfassungsgebots zu prüfen, ob die von ihm anzuwendenden materiellen zivilrechtlichen Vorschriften in der beschriebenen Weise grundrechtlich beeinflusst sind; trifft das zu, dann hat er bei Auslegung und Anwendung dieser Vorschriften die sich hieraus ergebende Modifikation des Privatrechts zu beachten. Dies ist der Sinn der Bindung auch des Zivilrichters an die Grundrechte (Art. 1 Abs. 3 GG). Verfehlt er diese Maßstäbe und beruht sein Urteil auf der Außerachtlassung dieses verfassungsrechtlichen Einflusses auf die zivilrechtlichen Normen, so verstößt er nicht nur gegen objektives Verfassungsrecht, indem er den Gehalt der Grundrechtsnorm (als objektiver Norm) verkennt, er verletzt vielmehr als Träger öffentlicher Gewalt durch sein Urteil das Grundrecht, auf dessen Beachtung auch durch die rechtsprechende Gewalt der Bürger einen verfassungsrechtlichen Anspruch hat. Gegen ein solches Urteil kann – unbeschadet der Bekämpfung des Rechtsfehlers im bürgerlich-rechtlichen Instanzenzug – das Bundesverfassungsgericht im Wege der Verfassungsbeschwerde angerufen werden. (BVerfG ¶ 28)

Wie wird hier GS3 begründet? ¶ 28 verweist auf Artikel 1 Absatz 3 GG, der die Rechtsprechung, insbesondere auch Zivilrichter, an die Grundrechte bindet. Es ist »der Sinn« dieser Bindung, so das BVerfG, dass Zivilrichter privatrechtliche Vorschriften im Lichte der Grundrechte auslegen und anwenden müssen.

Dieser Gedanke lässt sich wie folgt rekonstruieren:

Tafel 3.8

```
<Sinn der Bindung der Rechtsprechung an Grundrechte>
(1) Die Grundrechte binden Gesetzgebung, vollziehende Ge-
    walt und Rechtsprechung als unmittelbar geltendes
    Recht. (Art. 1, Abs. 3 GG)
(2) Zivilrichter sind Teil der Rechtsprechung.
(3) Würde ein Zivilrichter die Einwirkung eines Grundrechts
    auf eine Norm des bürgerlichen Rechts verkennen, ohne
    dass sein Urteil dadurch das entsprechende Grundrecht
    verletzt, so wäre er nicht an die Grundrechte gebunden.
----
(4) Für alle Urteile, jedes Grundrecht und alle Normen des
    bürgerlichen Rechts gilt: Der Zivilrichter verletzt
    durch sein Urteil das jeweilige Grundrecht, wenn er die
    Einwirkung des Grundrechts auf die jeweilige Norm des
    bürgerlichen Rechts verkennt. (GS3)
    +> <Anwendung GS3 auf Meinungsfreiheit>
```

Das Argument ist deduktiv gültig, stützt GS3 und fängt den Kern von ¶ 28 ein. Allerdings finden sich bisher weder Grundsatz GS1 noch Grundsatz GS2 unter seinen Prämissen. Wird nun eine dieser Prämissen ihrerseits durch GS1 oder GS2 begründet? Am ehesten könnte das bei (3) der Fall sein. Stützt also die Überlegung, dass die Grundrechte als objektive Wertordnung auf das bürgerliche Recht ausstrahlen, die Prämisse, dass – vereinfacht gesagt – ein Zivilrichter diese Ausstrahlung wegen seiner Bindung an die Grundrechte nicht verkennen darf? Nun, hinter Prämisse (3) steht ein allgemeineres Prinzip:

```
(3') Würde ein Zivilrichter verkennen, wie ein Grundrecht in
     den vorliegenden Rechtsstreit eingeht, ohne dass sein
     Urteil dadurch das entsprechende Grundrecht verletzt,
     so wäre er nicht an die Grundrechte gebunden.
```

Prämisse (3) ist ein Spezialfall von (3'). Und (3') ist völlig unabhangig davon, ob die Grundrechte eine objektive Wertordnung darstellen und auf das Privatrecht ausstrahlen oder ob dies nicht der Fall ist. Nehmen wir an, GS1 wäre falsch und die Grundrechte würden nicht auf das übrige Recht ausstrahlen. (3') würde an Plausibilität nichts einbüßen: Wer an die Grundrechte gebunden ist und *verkennt* (d. h. diesbezüglich einen Fehler macht), wie ein Grundrecht in einen Rechtsstreit eingeht, der verletzt das Grundrecht. Deshalb geht GS1 gemäß der vorläufigen Rekonstruktion nicht in die Begründung von Grundsatz GS3 ein!

> Ob eine Aussage *A* in die Begründung einer Aussage *B* eingeht, lässt sich informell prüfen, indem man fragt, ob sich die Plausibilität von *B* verringert, sobald man annimmt, dass *A* falsch ist.

Maxime

Welche Funktion hat GS1 aber dann?

Bisher haben wir die Argumente von der Konklusion her rekonstruiert, entsprechend der Faustregel, die wir im ersten Kapitel aufgestellt haben (s. Kap. 1.3). Dieser Faustregel liegt die Annahme zugrunde, dass über die Konklusion einer Argumentation größere hermeneutische Sicherheit besteht als über die Prämissen. Im Lüth-Urteil spricht nun vieles dafür, dass GS1 in die Begründung eingeht. Deshalb verletzen wir die Faustregel ganz bewusst: Wir setzen als Prämissen erstens GS1 und zweitens die Bindung der Rechtsprechung an das Grundgesetz und explorieren, ob sich so nicht eine alternative Interpretation von ¶ 28 gewinnen lässt. Tatsächlich bietet sich der erste Satz von ¶ 28 als Konklusion, die man wie folgt erschließen kann, an.

```
<Sinn der Bindung der Rechtsprechung an Grundrechte (neu)>
(1) Die Grundrechte binden kraft Verfassungsgebots (Art. 1,
    Abs. 3 GG) Gesetzgebung, vollziehende Gewalt und Recht-
    sprechung als unmittelbar geltendes Recht.
```

Tafel 3.9

(2) Wenn die Grundrechte Gesetzgebung, vollziehende Gewalt und Rechtsprechung kraft Verfassungsgebots binden, dann tun sie dies in jeder ihrer verfassungsrechtlichen Funktionen.

(3) [Grundrechte als objektive Wertordnung]: Es gehört zu den verfassungsrechtlichen Funktionen der Grundrechte, dass sie eine objektive Wertordnung darstellen, in deren Geiste das gesamte Recht ausgelegt werden muss. (GS1)

----

(4) Die Grundrechte (in ihrer Funktion) als objektive Wertordnung, in deren Geiste das gesamte Recht ausgelegt werden muss, binden Rechtsprechung kraft Verfassungsgebots.

(5) Wenn die Grundrechte als objektive Wertordnung, in deren Geiste das gesamte Recht ausgelegt werden muss, Rechtsprechung kraft Verfassungsgebots binden, dann muss die Rechtsprechung kraft Verfassungsgebots das gesamte Recht im Lichte der Grundrechte auslegen.

(6) Wenn die Rechtsprechung kraft Verfassungsgebots das gesamte Recht im Lichte bestimmter Normen auslegen muss, dann muss ein urteilender Richter kraft Verfassungsgebots für jede der Normen erstens prüfen, ob die von ihm anzuwendenden Vorschriften durch die Norm beeinflusst sind und muss – trifft das zu – bei Auslegung und Anwendung dieser Vorschriften zweitens die sich hieraus ergebende Modifikation beachten.

----

(7) Für alle Urteile, jedes Grundrecht und alle Vorschriften des bürgerlichen Rechts gilt: Der Zivilrichter hat kraft Verfassungsgebots zu prüfen, ob die von ihm anzuwendenden Vorschriften des bürgerlichen Rechts durch das Grundrecht beeinflusst sind und hat – trifft das zu – bei Auslegung und Anwendung dieser Vorschriften die sich hieraus ergebende Modifikation des Privatrechts zu beachten.

(8) Missachtet ein Richter ein Verfassungsgebot zur Prüfung und Beachtung eines Grundrechts, so verletzt der Richter durch sein Urteil das entsprechende Grundrecht.

----

(9) Für alle Urteile, jedes Grundrecht und alle Vorschriften des bürgerlichen Rechts gilt: Der Zivilrichter verletzt durch sein Urteil das jeweilige Grundrecht, wenn er nicht prüft, ob die von ihm anzuwendenden Vorschriften des bürgerlichen Rechts durch das Grundrecht beeinflusst sind oder – sollte dies bejaht werden – bei Auslegung und Anwendung dieser Vorschriften die sich hieraus ergebende Modifikation des Privatrechts missachtet.

Das Argument ist deduktiv gültig.

Die Prämisse (6) hat die Form:

(6) Für alle Arten von Normen X gilt: Wenn die Rechtspre-
    chung kraft Verfassungsgebots das gesamte Recht im
    Lichte der Normen der Art X auslegen muss, dann gilt
    für alle Urteile u, alle Normen n der Art X und alle
    Rechtsvorschriften v: Wenn Vorschrift v im Urteil u an-
    zuwenden ist, dann
    (a) muss der im Urteil u urteilende Richter kraft Ver-
        fassungsgebots erstens prüfen, ob die Vorschrift v
        durch die Norm n beeinflusst ist, und
    (b) der im Urteil u urteilende Richter muss kraft Ver-
        fassungsgebots, falls die Vorschrift v durch die
        Norm n beeinflusst ist, bei Auslegung und Anwendung
        dieser Vorschriften die sich hieraus ergebende Mo-
        difikation beachten.

Der Ausdruck »X« fungiert dabei als eine Eigenschaftsvariable, die im
Schluss auf (7) – u. a. mit Allspezialisierung zweiter Stufe – durch die
Eigenschaft erster Stufe, ein Grundrecht zu sein, ersetzt wird.
Die so reformulierte Prämisse (6) kann als Blaupause für die logisch-se-
mantische Analyse der weiteren Aussagen (7) bis (9) dienen.

Konklusion (9) lässt sich nun auf das Urteil des Hamburger Landgerichts,
gegen das Lüth als Beschwerdeführer Verfassungsbeschwerde eingereicht
hat, anwenden. Damit ergibt sich als alternative <zentrale Entscheidungsbegründung (neu)>:

<Zentrale Entscheidungsbegründung (neu)>   Tafel 3.10
(1) Für alle Urteile, jedes Grundrecht und alle Vorschrif-
    ten des bürgerlichen Rechts gilt: Der Zivilrichter ver-
    letzt durch sein Urteil das jeweilige Grundrecht, wenn
    er nicht prüft, ob die von ihm anzuwendenden Vorschrif-
    ten des bürgerlichen Rechts durch das Grundrecht beein-
    flusst sind oder – sollte dies bejaht werden – bei Aus-
    legung und Anwendung dieser Vorschriften die sich hie-
    raus ergebende Modifikation des Privatrechts missachtet.
    <+ <Sinn der Bindung der Rechtsprechung an Grundrechte
        (neu)>
    ----

(2) Der Zivilrichter verletzt durch sein Urteil das Grund-
    recht auf Meinungsfreiheit, wenn er nicht prüft, ob die
    von ihm anzuwendenden »allgemeinen Gesetze« bürgerlich-
    rechtlicher Art durch das Grundrecht auf Meinungsfrei-
    heit beeinflusst sind oder – sollte dies bejaht werden
    – bei Auslegung und Anwendung der »allgemeinen Gesetze«
    die sich hieraus ergebende Modifikation des Privat-
    rechts missachtet.

```
(3) [Allgemeine Gesetze im LGUrteil]: Das Urteil des Land-
    gerichts Hamburg ist ein Urteil eines Zivilrichters, in
    dem »allgemeine Gesetze« bürgerlich-rechtlicher Art
    (nämlich §826 BGB) anzuwenden sind.
(4) Die vom Landgericht Hamburg anzuwendenden »allgemeinen
    Gesetze« bürgerlich-rechtlicher Art (nämlich §826 BGB)
    sind durch das Grundrecht auf Meinungsfreiheit beein-
    flusst.
(5) Das Landgericht Hamburg hat bei Auslegung und Anwendung
    der »allgemeinen Gesetze« die sich aus der Drittwirkung
    des Grundrechts auf Meinungsfreiheit ergebende Modifi-
    kation des Privatrechts missachtet.
----
(7) Das Landgericht verletzt durch sein Urteil das Grund-
    recht auf Meinungsfreiheit.
(8) Verletzt ein Urteil ein Grundrecht, so wird das Urteil
    aufgehoben und die Sache wird an das urteilende Gericht
    zurückverwiesen.
----
(9) [Aufhebung und Zurückweisung]: Das Urteil des Land-
    gerichts wird aufgehoben und die Sache wird an das
    Landgericht Hamburg zurückverwiesen.
```

Somit liegen uns zwei alternative Rekonstruktionen des zentralen Begründungsstranges vor.

Tafel 3.11
```
# Reko 1
[Aufhebung und Zurückweisung]
   <+ <Zentrale Entscheidungsbegründung>
      <+ <Anwendung GS3 auf Meinungsfreiheit>
         <+ <Sinn der Bindung der Rechtsprechung an Grund-
            rechte>
# Reko 2
[Aufhebung und Zurückweisung]
   <+ <Zentrale Entscheidungsbegründung (neu)>
      <+ <Sinn der Bindung der Rechtsprechung an Grundrechte
         (neu)>
         <+ [Grundrechte als objektive Wertordnung] /* (GS1)
            */
```

Nur die Reko 2 macht verständlich, wie der im Text und seiner Rezeption
so zentrale Grundsatz GS1 der Grundrechte als objektive und die gesamte
Rechtsauslegung beeinflussende Wertordnung in die Begründung eingeht. Ein weiterer Vorzug der Reko 2 ist es, dass das in <Zentrale Entscheidungsbegründung (neu)> angewendete normative Prinzip deutlich spezifischer als das entsprechende Prinzip in der Reko 1 ist. Und wie
Reko 1 macht auch Reko 2 verständlich, in welcher Weise die Abschnitte
B.II und B.III der Entscheidungsbegründung ineinandergreifen, denn B.III
begründet die Prämisse (5) im Argument <Zentrale Entscheidungs-

begründung (neu)>. Aus diesen Gründen gehen wir in der weiteren Analyse von Reko 2 aus und lassen fortan den Zusatz »(neu)« weg.

3.3 | Ergänzung des zentralen Argumentationsstrangs um weitere Argumente

Lässt sich ausgehend von Reko 2 (s. Tafel 3.11) auch verstehen, wie der Grundsatz GS2 und der entsprechende Absatz ¶ 27 in die Begründung eingehen?

Der Einfluß grundrechtlicher Wertmaßstäbe wird sich vor allem bei denjenigen Vorschriften des Privatrechts geltend machen, die zwingendes Recht enthalten und so einen Teil des ordre public – im weiten Sinne – bilden, d. h. der Prinzipien, die aus Gründen des gemeinen Wohls auch für die Gestaltung der Rechtsbeziehungen zwischen den einzelnen verbindlich sein sollen und deshalb der Herrschaft des Privatwillens entzogen sind. Diese Bestimmungen haben nach ihrem Zweck eine nahe Verwandtschaft mit dem öffentlichen Recht, dem sie sich ergänzend anfügen. Das muß sie in besonderem Maße dem Einfluß des Verfassungsrechts aussetzen. Der Rechtsprechung bieten sich zur Realisierung dieses Einflusses vor allem die »Generalklauseln«, die, wie § 826 BGB, zur Beurteilung menschlichen Verhaltens auf außer-zivilrechtliche, ja zunächst überhaupt außerrechtliche Maßstäbe, wie die »guten Sitten«, verweisen. Denn bei der Entscheidung darüber, was diese sozialen Gebote jeweils im Einzelfall fordern, muß in erster Linie von der Gesamtheit der Wertvorstellungen ausgegangen werden, die das Volk in einem bestimmten Zeitpunkt seiner geistig-kulturellen Entwicklung erreicht und in seiner Verfassung fixiert hat. Deshalb sind mit Recht die Generalklauseln als die »Einbruchstellen« der Grundrechte in das bürgerliche Recht bezeichnet worden (Dürig in Neumann-Nipperdey-Scheuner, Die Grundrechte, Band II S. 525). (¶ 27)

Hier geschieht zweierlei. Erstens wird die Nähe der zwingenden Vorschriften des Privatrechts zum öffentlichen Recht dafür geltend gemacht, dass Grundrechte auf jene in besonderem Maße ausstrahlen. Zweitens wird dargelegt, dass insbesondere bei der Auslegung der Generalklauseln Grundrechte zu berücksichtigen sind. Betrachten wir die zwei Gedanken der Reihe nach.

Mit Blick auf die bisher rekonstruierte Argumentation scheint die erste Überlegung eigentümlich. Die Grundrechte strahlen als objektive Wertordnung auf das gesamte Recht aus. Daraus folgt, dass sie auf das gesamte Zivilrecht und insbesondere auf § 826 BGB, auf dem das Urteil des Hamburger Landgerichts fußt, einwirken. Wieso ist es erforderlich, *gesondert* dafür zu argumentieren, dass bestimmte privatrechtliche Vorschriften – nämlich die, die zwingendes Recht enthalten – in ganz besonderem Maße verfassungsrechtlichem Einfluss unterliegen?

Dabei ist die Argumentationsfigur, die wir hier vorfinden, nicht unüblich, wie ein ganz einfaches und profanes Beispiel zeigt: »Obstkuchen ist köstlich. Insbesondere trifft das auf Apfelkuchen zu, wegen seiner säuerlichen Süße. Also wird Dir dieses Stück Apfelkuchen gut schmecken.« Einerseits wird hier ganz allgemein, ausgehend von der Prämisse, dass jedes Stück Obstkuchen köstlich schmeckt, argumentiert. Und gleichzeitig wird ein zweites Argument mit einer Prämisse (jedes Stück Apfelkuchen schmeckt köstlich) gebracht, die weniger allgemein als die des ersten ist, die aber in einem weiteren (Teil-)Argument begründet wird.

Ganz analog können wir auch den ersten Gedanken in ¶ 27 interpretieren. Hier wird eine alternative Argumentation, die parallel zum zentralen Begründungsstrang verläuft, angedeutet. In den Prämissen (4) und (5) des Arguments <Sinn der Bindung der Rechtsprechung an Grundrechte> ist davon die Rede, dass das *gesamte Recht* im Geiste der Grundrechte ausgelegt werden muss. Diese Prämissen schwächt ¶ 27 ab, indem die Allaussage auf diejenigen Vorschriften des bürgerlichen Rechts beschränkt wird, welche zwingendes Recht enthalten. Fortan wird in der Alternativargumentation nur über Auslegung und Anwendung derartiger zivilrechtlicher Vorschriften gesprochen. Außerdem begründet ¶ 27, dass zivilrechtliche Vorschriften, die zwingendes Recht enthalten, aufgrund ihrer funktionalen Ähnlichkeit zum öffentlichen Recht (Herstellung einer öffentlichen Ordnung) wie dieses dem Verfassungsrecht unterworfen sind. Soweit der erste Interpretationsansatz, den wir aus Platzgründen nicht weiter ausarbeiten.

Zur Vertiefung

Dieser erste Interpretationsansatz steht exemplarisch für eine weitere Möglichkeit, die Entfaltung rechtlicher Normen im Laufe einer juristischen Rechtfertigung zu rekonstruieren (s. Kasten »Zur Vertiefung« in Kap. 3.1).

```
<Juristischer Syllogismus (einfach)>
(1)   (x): Tx -> ORx
(2)   Ta
-- gültig -
(3)   ORa
```

Anstatt die pauschale Norm (1) in einer Rechtfertigung, die diese Norm entfaltet, beizubehalten, kann (1) durch eine schwächere Prämisse mit stärkeren Antezedensbedingungen ersetzt werden:

```
<Juristischer Syllogismus (entfaltet)>
(1) (x): M1x & ... & MNx & Tx -> ORx
(2) M1a & ... & MNa & Ta
-- gültig -
(3) ORa
```

Es gibt daneben noch mindestens eine weitere Deutung des ersten Gedankens in ¶ 27. Gemäß Reko 2 (s. Tafel 3.11) verletzt das Urteil des Landgerichts Hamburg ein Grundrecht, weil alle Rechtsvorschriften unter angemessener Berücksichtigung der Grundrechte ausgelegt und angewendet werden müssen, was das Landgericht in Bezug auf § 826 BGB aber nicht getan hat. Diese Rekonstruktion differenziert weder nach *Graden* der Wirkung von Grundrechten auf privatrechtliche Vorschriften, noch nach *Graden* der richterlichen Berücksichtigung von Grundrechten bei der Anwendung einer Vorschrift. Dementsprechend finden sich sehr pauschale Prämissen in der Begründung, etwa:

- Die Grundrechte wirken auf jede Rechtsvorschrift.
- Das Landgericht hat die Wirkung des Grundrechts auf Meinungsfreiheit auf § 826 BGB missachtet.

Hier beginnt ¶ 27 zu differenzieren: Ja, die Grundrechte wirken auf jede Rechtsvorschrift, aber sie wirken auf die eine Rechtsvorschrift stärker als auf die andere. Besonderes Gewicht kommt den Grundrechten bei der Auslegung und Anwendung einer Vorschrift zum Beispiel dann zu, wenn die anzuwendende Vorschrift eine funktionale Ähnlichkeit zum öffentlichen Recht aufweist. Das ist bei § 826 BGB der Fall. Das Verfehlen des Landgerichts besteht nicht etwa darin, die Wirkung der Grundrechte auf die zivilrechtliche Norm völlig missachtet zu haben, sondern sie nicht angemessen und vollumfänglich berücksichtigt zu haben.

Welche Veränderungen ergeben sich daraus für unsere bisherige Rekonstruktion? – Erstens sollte die Prämisse (6) in <Sinn der Bindung der Rechtsprechung an Grundrechte> wie folgt präzisiert werden:

<Sinn der Bindung der Rechtsprechung an Grundrechte>   Tafel 3.12
(6) Wenn die Rechtsprechung kraft Verfassungsgebots das gesamte Recht im Lichte bestimmter Normen auslegen muss, dann muss ein Richter [...] die sich hieraus ergebende Modifikation *vollumfänglich* beachten.

Alle Prämissen und Konklusionen sind im weiteren Verlauf der Argumentation anzupassen. Insbesondere lautet Prämisse (5) der <zentralen Entscheidungsbegründung> dann

(5) Das Landgericht Hamburg hat bei Auslegung und Anwendung   Tafel 3.13
    der »allgemeinen Gesetze« die sich aus der Drittwirkung
    des Grundrechts auf Meinungsfreiheit ergebende Modifikation des Privatrechts nicht *vollumfänglich* beachtet.

Um in der Rekonstruktion transparent zu machen, dass im Fall Lüth das Grundrecht auf Meinungsfreiheit besonders stark auf die privatrechtliche Vorschrift einwirkt, ändern wir das Argument <Zentrale Entscheidungsbegründung> ferner wie folgt:

<Zentrale Entscheidungsbegründung>   Tafel 3.14
(1) Für alle Urteile, jedes Grundrecht und alle Vorschriften des bürgerlichen Rechts gilt: Der Zivilrichter verletzt durch sein Urteil das jeweilige Grundrecht, wenn er nicht prüft, ob die von ihm anzuwendenden Vorschriften des bürgerlichen Rechts durch das Grundrecht beeinflusst sind oder – sollte dies bejaht werden – bei Auslegung und Anwendung dieser Vorschriften die sich hieraus ergebende Modifikation des Privatrechts nicht vollumfänglich beachtet.

(2) »Allgemeine Gesetze« (nach Art. 5 Abs. 2 GG) bürgerlich-rechtlicher Art, die zwingendes Recht enthalten, sind durch das Grundrecht auf Meinungsfreiheit *in besonders hohem Maße* beeinflusst.

----

(3) Der Zivilrichter verletzt durch sein Urteil das Grundrecht auf Meinungsfreiheit, wenn er bei Auslegung und Anwendung der »allgemeinen Gesetze« bürgerlich-rechtlicher Art, die zwingendes Recht enthalten, nicht vollumfänglich beachtet, wie das Grundrecht auf Meinungsfreiheit die privatrechtliche Norm *in besonders hohem Maße* modifiziert.

(4) [Allgemeine Gesetze im LGUrteil]: Das Urteil des Landgerichts Hamburg ist ein Urteil eines Zivilrichters, in dem »allgemeine Gesetze« bürgerlich-rechtlicher Art (nämlich § 826 BGB), die zwingendes Recht enthalten, anzuwenden sind.

(5) Das Landgericht Hamburg hat bei Auslegung und Anwendung der »allgemeinen Gesetze« nicht vollumfänglich beachtet, wie das Grundrecht auf Meinungsfreiheit die privatrechtliche Norm *in besonders hohem Maße* modifiziert.

----

(6) Das Landgericht verletzt durch sein Urteil das Grundrecht auf Meinungsfreiheit.

(7) Verletzt ein Urteil ein Grundrecht, so wird das Urteil aufgehoben und die Sache wird an das urteilende Gericht zurückverwiesen.

----

(8) [Aufhebung und Zurückweisung]: Das Urteil des Landgerichts wird aufgehoben und die Sache wird an das Landgericht Hamburg zurückverwiesen.

Das Argument ist deduktiv gültig; der erste Schluss ist allerdings ziemlich vertrackt.

Logisch-semantische Analyse

Folgen wir der bisherigen Analyse, so lautet (1):

(1) Für alle Urteile u, alle Grundrechte g und alle Rechtsvorschriften v gilt: Wenn
  (a) Vorschrift v bürgerlich-rechtlicher Art ist,
  (b) Vorschrift v im Urteil u anzuwenden ist und
  (c) (c.1) der im Urteil u urteilende Richter nicht prüft, ob die Vorschrift v durch das Grundrecht beeinflusst ist, oder

```
(c.2) der im Urteil u urteilende Richter, falls
die Vorschrift v durch das Grundrecht g beeinflusst
ist, bei Auslegung und Anwendung der Vorschrift v
*die sich hieraus ergebende Modifikation* nicht
vollumfänglich beachtet,
dann verletzt der im Urteil u urteilende Richter durch
sein Urteil das Grundrecht g.
```

Wobei (c.2) aus zwei *Konjunktionsteilen* besteht und das Antezedens entsprechend folgende aussagenlogische Struktur aufweist: `(a) & (b) & [(c.1) V [(c.2.i) & (c.2.ii)]]`.

Daraus folgt mit Antezedensstärkung und Allspezialisierung (implizite Zwischenkonklusion):

```
(1') Für alle Urteile u und alle Rechtsvorschriften v gilt:
     Wenn
     (a) Vorschrift v bürgerlich rechtlicher Art ist,
     (b) Vorschrift v im Urteil u anzuwenden ist,
     (d) Vorschrift v ein »allgemeines Gesetz« gemäß Art. 5
         Abs. 2 GG ist und
     (c) (c.1) der im Urteil u urteilende Richter nicht
         prüft, ob die Vorschrift v durch das Grundrecht
         auf freie Meinungsäußerung beeinflusst ist, oder
         (c.2) der im Urteil u urteilende Richter, falls die
         Vorschrift v durch das Grundrecht auf freie Mei-
         nungsäußerung beeinflusst ist, bei Auslegung und An-
         wendung der Vorschrift v *die sich hieraus er-
         gebende Modifikation* nicht vollumfänglich beachtet,
     dann verletzt der im Urteil u urteilende Richter durch
     sein Urteil das Grundrecht auf freie Meinungsäußerung.
```

Um explizit zu machen, wie geschlossen wird, müssen wir (1') noch genauer aufschlüsseln und transparent machen, was genau »die sich hieraus ergebende Modifikation« meint. (1') lässt sich umformulieren zu:

```
(1'') Für alle Urteile u, alle Rechtsvorschriften v und
      *alle Grade der Einwirkung d* gilt: Wenn
      (a) Vorschrift v bürgerlich-rechtlicher Art ist,
      (b) Vorschrift v im Urteil u anzuwenden ist,
      (d) Vorschrift v ein »allgemeines Gesetz« gemäß Art.
          5 Abs. 2 GG ist und
      (c) (c.1) der im Urteil u urteilende Richter nicht
          prüft, ob die Vorschrift v durch das Grundrecht
          auf freie Meinungsäußerung beeinflusst ist, oder
          (c.2) der im Urteil u urteilende Richter, falls
          die Vorschrift v durch das Grundrecht auf freie
          Meinungsäußerung *im Ausmaß d* beeinflusst ist,
          bei Auslegung und Anwendung der Vorschrift v die
          sich hieraus ergebende Modifikation *im Ausmaß d*
          nicht vollumfänglich beachtet,
      dann verletzt der im Urteil u urteilende Richter
      durch sein Urteil das Grundrecht auf freie Meinungs-
      äußerung.
```

Aus (1'') folgt nun abermals per Allspezialisierung und Antezedensstärkung:

```
(1''') Für alle Urteile u und alle Rechtsvorschriften v:
       Wenn
       (a)      Vorschrift v bürgerlich-rechtlicher Art ist,
       (b)      Vorschrift v im Urteil u anzuwenden ist,
       (d)      Vorschrift v ein »allgemeines Gesetz« gemäß
                Art. 5 Abs. 2 GG ist,
       (c.2.i)  die Vorschrift v ist durch das Grundrecht
                auf freie Meinungsäußerung *in besonders ho-
                hem Maße* beeinflusst und
       (c.2.ii) der im Urteil u urteilende Richter beachtet
                bei Auslegung und Anwendung der Vorschrift v
                nicht vollumfänglich die sich hieraus er-
                gebende *besonders hohe* Modifikation (Modifi-
                kation *in besonders hohem Maße*),
       dann verletzt der im Urteil u urteilende Richter
       durch sein Urteil das Grundrecht auf freie Meinungs-
       äußerung.
```

Die zweite Prämisse können wir fassen als:

```
(2) Für alle Urteile u und alle Rechtsvorschriften v gilt:
    Wenn
    (a)      Vorschrift v bürgerlich-rechtlicher Art ist,
    (b)      Vorschrift v im Urteil u anzuwenden ist,
    (d)      Vorschrift v ein »allgemeines Gesetz« gemäß
             Art. 5 Abs. 2 GG ist und
    (e)      Vorschrift v zwingendes Recht enthält,
    dann
    (c.2.i)  ist Vorschrift v durch das Grundrecht auf Mei-
             nungsfreiheit *in besonders hohem Maße* beein-
             flusst.
```

Aus (1''') und (2) lässt sich auf einfache und transparente Weise die Zwischenkonklusion (3) erschließen:

```
(3)  Für alle Urteile u und alle Rechtsvorschriften v gilt:
     Wenn
     (a)      Vorschrift v bürgerlich-rechtlicher Art ist,
     (b)      Vorschrift v im Urteil u anzuwenden ist,
     (d)      Vorschrift v ein »allgemeines Gesetz« gemäß
              Art. 5 Abs. 2 GG ist,
     (e)      Vorschrift v zwingendes Recht enthält und
     (c.2.ii) der im Urteil u urteilende Richter bei Aus-
              legung und Anwendung der Vorschrift v die
              sich hieraus ergebende *besonders hohe* Modi-
              fikation nicht vollumfänglich beachtet,
     dann verletzt der im Urteil u urteilende Richter durch
     sein Urteil das Grundrecht auf freie Meinungsäußerung.
```

Prämisse (2) wird mit Verweis auf die Verwandtschaft zum öffentlichen Recht begründet. Das neue Argument, das der erste Teil von ¶ 27 zur Urteilsbegründung beisteuert, lautet:

<Verwandtschaft bürgerliches und öffentliches Recht>   Tafel 3.15

(1) »Allgemeine Gesetze« (nach Art. 5 Abs. 2 GG) bürgerlich-
    rechtlicher Art, die zwingendes Recht enthalten, sind
    privatrechtliche Vorschriften, die zwingendes Recht
    enthalten.

(2) Privatrechtliche Vorschriften, die zwingendes Recht
    enthalten, sind aus Gründen des gemeinen Wohls der
    Herrschaft des Privatwillens entzogen und dienen der
    verbindlichen Gestaltung der Rechtsbeziehungen zwischen
    den Einzelnen.

(3) Rechtsvorschriften, die aus Gründen des gemeinen Wohls
    der Herrschaft des Privatwillens entzogen sind und der
    verbindlichen Gestaltung der Rechtsbeziehungen zwischen
    den Einzelnen dienen, weisen eine funktionale Analogie
    zu Vorschriften des öffentlichen Rechts auf.

(4) Alle privatrechtlichen Vorschriften, die eine funktio-
    nale Analogie zum öffentlichen Recht aufweisen, sind in
    besonders hohem Maße durch die Grundrechte beeinflusst.
----

(5) »Allgemeine Gesetze« (nach Art. 5 Abs. 2 GG) bürgerlich-
    rechtlicher Art, die zwingendes Recht enthalten, sind
    durch das Grundrecht auf Meinungsfreiheit in besonders
    hohem Maße beeinflusst.
    +> <Zentrale Entscheidungsbegründung>

Damit kommen wir zum zweiten Gedanken, der in ¶ 27 präsentiert wird: Die Rechtsprechung kann den Einfluss der Grundrechte insbesondere bei der Auslegung der Generalklauseln realisieren. Welche argumentative Funktion hat diese Überlegung? – Wichtig ist dabei zu wissen, dass die Vorschrift des BGB, die das Landgericht Hamburg anwendet, selbst eine solche Generalklausel, enthält. Einerseits scheint das BVerfG hier Richterinnen und Richtern (»Der Rechtsprechung bieten sich zur Realisierung dieses Einflusses...«) einen Hinweis zu geben, wie das Zivilrecht verfassungskonform ausgelegt werden kann. Andererseits ist dieser Gedanke aber auch für den vorliegenden Fall und die Urteilsbegründung relevant, denn wenn eine solche Generalklausel vorliegt, dann wirken die Grundrechte in ganz besonderem Maße. Der zweite Gedanke in ¶ 27 hat demnach eine ähnliche argumentative Funktion wie der erste. Das machen wir explizit, indem wir (2) und (4) in der <zentralen Entscheidungs-begründung> modifizieren:

Tafel 3.16 `<Zentrale Entscheidungsbegründung>`
`(1) ...`
`(2) »Allgemeine Gesetze« (nach Art. 5 Abs. 2 GG) bürgerlich-`
`rechtlicher Art, die zwingendes Recht *sowie General-`
`klauseln* enthalten, sind durch das Grundrecht auf Mei-`
`nungsfreiheit in besonders hohem Maße beeinflusst.`
`    <+ <Verwandtschaft bürgerliches und öffentliches`
`       Recht>`
`    <+ <Generalklauseln als Einbruchstellen>`
`----`
`(3) ...`
`(4) [Allgemeine Gesetze im LGUrteil]: Das Urteil des Land-`
`gerichts Hamburg ist ein Urteil eines Zivilrichters, in`
`dem »allgemeine Gesetze« bürgerlich-rechtlicher Art`
`(nämlich §826 BGB), die zwingendes Recht *sowie Ge-`
`neralklauseln* enthalten, anzuwenden sind.`
`(5) ...`

Neben das Argument `<Verwandtschaft bürgerliches und öffent-`
`liches Recht>` (dessen erste Prämisse und Konklusion leicht anzupassen sind) tritt nun als weitere Begründung von Prämisse (2):

Tafel 3.17 `<Generalklauseln als Einbruchstellen>`
`(1) »Allgemeine Gesetze« (nach Art. 5 Abs. 2 GG) bürgerlich-`
`rechtlicher Art, die zwingendes Recht sowie General-`
`klauseln enthalten, sind privatrechtliche Vorschriften,`
`die Generalklauseln enthalten.`
`(2) Eine Generalklausel verweist zur Bewertung eines Ver-`
`haltens auf außerrechtliche, gesellschaftliche Wertmaß-`
`stäbe.`
`(3) Außerrechtliche, gesellschaftliche Wertmaßstäbe hat`
`eine Gesellschaft insbesondere in ihrer Verfassung ar-`
`tikuliert.`
`(4) Eine zivilrechtliche Vorschrift, die auf Maßstäbe ver-`
`weist, welche u.a. in der Verfassung artikuliert sind,`
`ist ihrerseits in besonders hohem Maße durch die Grund-`
`rechte beeinflusst.`
`----`
`(5) »Allgemeine Gesetze« (nach Art. 5 Abs. 2 GG) bürgerlich-`
`rechtlicher Art, die zwingendes Recht sowie General-`
`klauseln enthalten, sind durch das Grundrecht auf Mei-`
`nungsfreiheit in besonders hohem Maße beeinflusst.`
`    +> <Zentrale Entscheidungsbegründung>`

Das Argument ist in dieser Fassung deduktiv gültig – streng genommen
indes nicht formal, sondern nur material.

Nur wenn wir die folgende, begrifflich wahre Annahme hinzuziehen

Logisch-
semantische
Analyse

```
(2')  Eine Vorschrift, die eine Klausel enthält, die auf x
      verweist, verweist selbst auf x.
```

folgt aus (1) und (2) die implizite Zwischenkonklusion

```
(2'')  »Allgemeine Gesetze« (nach Art. 5 Abs. 2 GG) bürger-
       lich-rechtlicher Art, die zwingendes Recht sowie Ge-
       neralklauseln enthalten, verweisen auf außerrecht-
       liche, gesellschaftliche Wertmaßstäbe.
```

Die zwei Überlegungen aus ¶ 27 sind damit als voneinander unabhängige, parallel verlaufende Argumente – <Verwandtschaft bürgerliches und öffentliches Recht> und <Generalklauseln als Einbruchstellen> – zugunsten der zweiten Prämisse im Argument <Zentrale Entscheidungsbegründung> rekonstruiert. »Parallel und unabhängig« bedeutet hier: Es folgt ein und dieselbe Konklusion, ganz gleich ob man nur die Prämissen des einen Arguments, nur die Prämissen des anderen Arguments oder alle Prämissen beider Argumente akzeptiert (s. auch Kasten »Zur Vertiefung« in Kap. 1.3). Die zwei Argumente »verstärken« sich nicht wechselseitig. Das könnte man aber als Manko unserer bisherigen Analyse betrachten. Die Nähe zum öffentlichen Recht und das Vorhandensein von Generalklauseln sind kumulative Gründe für den besonders starken Einfluss der Grundrechte auf entsprechende Rechtsvorschriften.

Um das Zusammenspiel der zwei Begründungen – das darin besteht, dass sie zusammengenommen eine andere, nämlich stärkere Konklusion begründen, als jeder der Gründe für sich – zu fassen, müssen wir die zwei Argumente <Verwandtschaft bürgerliches und öffentliches Recht> und <Generalklauseln als Einbruchstellen> »verschmelzen« und als *Begründungsverbund* rekonstruieren. Dazu kürzen wir die zwei Argumente um die jeweils vierte Prämisse und fügen die sich neu ergebenden Konklusionen in einem dritten Argument zusammen.

```
<Verwandtschaft bürgerliches und öffentliches Recht>
(1) ...
(2) ...
(3) ...
----

(4) »Allgemeine Gesetze« (nach Art. 5 Abs. 2 GG) bürgerlich-
    rechtlicher Art, die zwingendes Recht enthalten sowie
    Generalklauseln enthalten, weisen eine funktionale Ana-
    logie zu Vorschriften des öffentlichen Rechts auf.
    +> <Besonders starke Grundrechte-Einwirkung>


<Generalklauseln als Einbruchstellen>
(1) ...
(2) ...
(3) ...
----
```

Tafel 3.18

(4) »Allgemeine Gesetze« (nach Art. 5 Abs. 2 GG) bürgerlich-
    rechtlicher Art, die zwingendes Recht sowie General-
    klauseln enthalten, verweisen auf Maßstäbe, welche u. a.
    in der Verfassung artikuliert sind.
    +> <Besonders starke Grundrechte-Einwirkung>

<Besonders starke Grundrechte-Einwirkung>
(1) ...
    <+ <Verwandtschaft bürgerliches und öffentliches
        Recht>
(2) ...
    <+ <Generalklauseln als Einbruchstellen>
(3) Eine zivilrechtliche Vorschrift, die eine funktionale
    Analogie zu Vorschriften des öffentlichen Rechts auf-
    weist *und* auf Maßstäbe verweist, welche u. a. in der
    Verfassung artikuliert sind, ist ihrerseits in *ganz
    besonders hohem Maße* durch die Grundrechte beeinflusst.
    ----
(4) »Allgemeine Gesetze« (nach Art. 5 Abs. 2 GG) bürgerlich-
    rechtlicher Art, die zwingendes Recht sowie Generalklau-
    seln enthalten, sind durch das Grundrecht auf Meinungs-
    freiheit in *ganz besonders hohem Maße* beeinflusst.
    +> <Zentrale Entscheidungsbegründung>

Die allgemeine Argumentation des BVerfG in B.II.1 stellt sich damit insgesamt wie folgt dar:

Tafel 3.19 [Aufhebung und Zurückweisung]
   <+ <Zentrale Entscheidungsbegründung>
      <+ <Sinn der Bindung der Rechtsprechung an Grund-
         rechte>
                                    /* +>(GS3) */
         <+ [Bindung an Grundrechte (Art. 1, Abs. 3 GG)]
         <+ [Grundrechte als objektive Wertordnung]
                                    /* (GS1) */
      <+ <Besonders starke Grundrechte-Einwirkung>
         <+ <Verwandtschaft bürgerliches und öffentliches
            Recht>
                                    /* <+(GS2) */
         <+ <Generalklauseln als Einbruchstellen>
                                    /* <+(GS2) */

Die Analyse zeigt auf, wie die Grundsätze GS1 bis GS3 in die Urteilsbegründung einfließen. Damit ist die erste Interpretationshypothese, welche wir am Ende von 3.1 aufgestellt haben, bestätigt.

In B.II.2 bis B.II.4 argumentiert das BVerfG nun spezifischer, nämlich
immer mit Bezug auf das Grundrecht auf Meinungsfreiheit. Diese Überlegungen sollen im Folgenden – vor dem Hintergrund der bisherigen Rekonstruktion – analysiert werden.

3.4 | Rekonstruktion eines ersten Einwands mit Erwiderung und Entfaltung des zentralen Argumentationsstrangs

In B.II.2 wird eingangs (¶ 30) ein Einwand gegen die bisherige Argumentation präsentiert (man beachte: »… ließe sich die Auffassung vertreten, …« sowie »Dies ist indessen nicht der Sinn …«) und anschließend (¶¶ 31 ff.) entkräftet.

Die Problematik des Verhältnisses der Grundrechte zum Privatrecht scheint im Falle des Grundrechts der freien Meinungsäußerung (Art. 5 GG) anders gelagert zu sein. Dieses Grundrecht ist […] vom Grundgesetz nur in den Schranken der »allgemeinen Gesetze« gewährleistet (Art. 5 Abs. 2). Ohne daß zunächst untersucht wird, welche Gesetze »allgemeine« Gesetze in diesem Sinne sind, ließe sich die Auffassung vertreten, hier habe die Verfassung selbst durch die Verweisung auf die Schranke der allgemeinen Gesetze den Geltungsanspruch des Grundrechts von vornherein auf den Bereich beschränkt, den ihm die Gerichte durch ihre Auslegung dieser Gesetze noch belassen. Das Ergebnis dieser Auslegung müsse, soweit es eine Beschränkung des Grundrechts darstelle, hingenommen werden und könne deshalb niemals als eine »Verletzung« des Grundrechts angesehen werden. (¶ 30)
Dies ist indessen nicht der Sinn der Verweisung auf die »allgemeinen Gesetze«. […] (¶ 31)

> Bei der Analyse einer undurchsichtigen Textpassage ist es häufig hilfreich, das Argument zunächst möglichst klar und prägnant **in seinen eigenen Worten** wiederzugeben, um dann über den Umweg und ausgehend von dieser Paraphrase eine detaillierte Rekonstruktion zu erstellen.

Maxime

Geben wir den Einwand also zunächst in eigenen Worten wieder, bevor wir ihn im Detail rekonstruieren: Das Grundrecht auf freie Meinungsäußerung wirkt nur innerhalb der Grenzen, die ihm durch allgemeine Gesetze gezogen sind, und kann nur innerhalb dieses Bereichs zivilrechtliche Vorschriften beeinflussen. Damit sind diejenigen zivilrechtlichen Vorschriften, die dem Grundrecht auf freie Meinungsäußerung Grenzen setzen, von der Wirkung dieses Grundrechts ausgenommen und müssen nicht in dessen Lichte ausgelegt und angewendet werden.

So verstanden richtet sich der Einwand unmittelbar gegen die Prämisse (2) der <zentralen Entscheidungsbegründung>

(2) »Allgemeine Gesetze« (nach Art. 5 Abs. 2 GG) bürgerlichrechtlicher Art, die zwingendes Recht enthalten, sind durch das Grundrecht auf Meinungsfreiheit in besonders hohem Maße beeinflusst.

und lautet:

Tafel 3.20

```
<Keine Wirkung außerhalb der Schranken>
(1) Die Verfassung selbst hat durch die Verweisung auf die
    Schranke der »allgemeinen Gesetze« den Geltungsanspruch
    des Grundrechts auf freie Meinungsäußerung von vorn-
    herein auf den Bereich beschränkt, den ihm die Gerichte
    durch ihre Auslegung dieser allgemeinen Gesetze noch
    belassen.
(2) Eine Norm N1, die ausgelegt wird, um den Geltungs-
    bereich der Norm N2 auf einen bestimmten Bereich zu be-
    schränken, fällt selbst nicht in diesen Bereich.
----
(3) Die »allgemeinen Gesetze«, durch deren Auslegung ein
    Gericht den Geltungsbereichs des Grundrechts auf freie
    Meinungsäußerung beschränkt, liegen außerhalb dieses
    Geltungsbereichs.
(4) Normen, die außerhalb des Geltungsbereichs eines Grund-
    rechts liegen, werden durch dieses nicht beeinflusst.
----
(5) »Allgemeine Gesetze« (nach Art. 5 Abs. 2 GG) sind nie-
    mals durch das Grundrecht auf Meinungsfreiheit beein-
    flusst.
    -> <Zentrale Entscheidungsbegründung>
```

So ist das Argument noch nicht deduktiv gültig. Denn Prämisse (1) be-hauptet nicht, dass die Aussage, mit der (3) aus (2) gefolgert wird, wahr ist, sondern dass diese laut Verfassung gilt (beachte »Die Verfassung selbst hat ...« in der ersten Prämisse).

Zur Vertiefung

Das hier auftretende Problem lässt sich an folgendem stark vereinfachten Schema erläutern:

```
(1) Laut Verfassung gilt: p
(2) Wenn p, dann q
----
(3) q
```

Dieses Schema ist formal nicht gültig. Der Schluss wird indes gültig, in-dem das Prinzip der Verfassungsautorität als weitere Prämisse ergänzt wird:

```
(1*) Für alle Aussagen *phi*: Wenn *phi* laut Verfassung
     gilt, dann *phi*.
```

Halten wir ferner fest, dass ebenso wenig wie Konklusion (3) die fol-gende Aussage allein aus den Prämissen (1) und (2) folgt:

```
(4)  Laut Verfassung gilt: q.
```

Denn der Ausdruck »Laut Verfassung gilt:« erzeugt einen sogenannten intensionalen Kontext. Das Schema muss wie folgt ergänzt und modifiziert werden:

```
(1) Laut Verfassung gilt: p
(2') Laut Verfassung gilt: Wenn p, dann q
(3*) Die Menge der laut Verfassung geltenden Aussagen ist
     deduktiv abgeschlossen.
-- gültig -
(4) Laut Verfassung gilt: q.
```

In Prämisse (1) verbirgt sich zudem eine Begründungsbeziehung (»*durch* die Verweisung auf die Schranke der ›allgemeinen Gesetze‹« belegt, dass der Geltungsbereich des Grundrechts auf Meinungsäußerung von vornherein beschränkt ist). Indem wir diese Begründungsbeziehung als »Verfassungsinterpretationsschluss« explizieren, lösen wir den intensionalen Kontext auf, und das Argument wird deduktiv gültig.

Tafel 3.21

```
<Keine Wirkung außerhalb der Schranken>
(1) Die Verfassung selbst verweist in Artikel 5 Absatz 2
    auf die Schranke der »allgemeinen Gesetze«, die den
    Geltungsanspruch des Grundrechts auf freie Meinungs-
    äußerung beschränken.
(2) Die beste verfassungsrechtliche Interpretation eines
    solchen Verweises ist es, dass der Geltungsanspruch des
    Grundrechts auf freie Meinungsäußerung auf den Bereich
    beschränkt ist, den ihm die Gerichte durch ihre Aus-
    legung der »allgemeinen Gesetze« noch belassen.
(3) Schluss auf die beste verfassungsrechtliche Interpreta-
    tion: Es gilt die beste verfassungsrechtliche Interpre-
    tation eines Verfassungsabschnitts.
----
(4) Der Geltungsanspruch des Grundrechts auf freie Mei-
    nungsäußerung ist auf den Bereich beschränkt, den ihm
    die Gerichte durch ihre Auslegung der »allgemeinen Ge-
    setze« noch belassen.
(5) Eine Norm N1, die ausgelegt wird, um den Geltungs-
    bereich der Norm N2 auf einen bestimmten Bereich zu be-
    schränken, fällt selbst nicht in diesen Bereich.
----
    ... (s.o.)
```

In den folgenden Absätzen ¶31 und ¶32 wird nun gerade die neu eingefügte Interpretationsprämisse (2) zurückgewiesen, wie bereits an den Formulierungen »... nicht der Sinn der Verweisung auf ...« und »... ergibt sich, daß es vom Standpunkt dieses Verfassungssystems aus nicht folgerichtig wäre, ...« deutlich wird. Das BVerfG entwickelt hier eine alternative verfassungsrechtliche Interpretation, der zufolge der Geltungsbereich des Grundrechts auf freie Meinungsäußerung auch die das Grundrecht einschränkenden »allgemeinen Gesetze« umfasst. Diese vom BVerfG vertretene Interpretation hält auch an Grundsatz GS5 fest. Der folgende Satz aus ¶ 32 bringt den Kerngedanken der Entkräftung auf den Punkt:

Aus dieser grundlegenden Bedeutung der Meinungsäußerungsfreiheit für den freiheitlich-demokratischen Staat ergibt sich, daß es vom Standpunkt dieses Verfassungssystems aus nicht folgerichtig wäre, die sachliche Reichweite gerade dieses Grundrechts jeder Relativierung durch einfaches Gesetz (und damit zwangsläufig durch die Rechtsprechung der die Gesetze auslegenden Gerichte) zu überlassen (¶ 32).

Wir rekonstruieren als Grundgerüst:

Tafel 3.22   ```
<Keine folgerichtige Interpretation des Verfassungssystems>
(1) Die Meinungsäußerungsfreiheit ist von grundlegender Be-
    deutung für den freiheitlich-demokratischen Staat.
----

(2) Vom Standpunkt dieses Verfassungssystems aus wäre es
    nicht folgerichtig, die sachliche Reichweite des Grund-
    rechts auf freie Meinungsäußerung jeder Relativierung
    durch einfaches Gesetz (und damit zwangsläufig durch
    die Rechtsprechung der die Gesetze auslegenden Ge-
    richte) zu überlassen.
----

(3) Es ist keineswegs die beste verfassungsrechtliche In-
    terpretation von Artikel 5 Absatz 2, dass der Geltungs-
    anspruch des Grundrechts auf freie Meinungsäußerung auf
    den Bereich beschränkt ist, den ihm die Gerichte durch
    ihre Auslegung der »allgemeinen Gesetze« noch belassen.
```

Die inferentiellen Lücken in diesem Argument lassen sich wie folgt mit höchst plausiblen, impliziten Prämissen schließen:

**Tafel 3.23**    ```
<Keine folgerichtige Interpretation des Verfassungssystems>
(1) [Bedeutung Meinungsfreiheit]: Die Meinungsäußerungs-
    freiheit ist von grundlegender Bedeutung für den frei-
    heitlich-demokratischen Staat.
(2) Die Erhaltung des freiheitlich-demokratischen Staats
    ist eines der obersten Ziele dieses Verfassungssystems.
(3) Dieses Verfassungssystem enthält ein Grundrecht auf
    Meinungsäußerungsfreiheit.
(4) Wenn X von grundlegender Bedeutung für eines der obers-
    ten Ziele eines Verfassungssystems ist und das Verfas-
    sungssystem zudem X als Grundrecht schützt, dann wäre
    es vom Standpunkt des Verfassungssystems aus nicht fol-
    gerichtig, die sachliche Reichweite des Grundrechts auf
    X jeder Relativierung durch einfaches Gesetz (und damit
    zwangsläufig durch die Rechtsprechung der die Gesetze
    auslegenden Gerichte) zu überlassen.
----
```

(5) Vom Standpunkt dieses Verfassungssystems aus wäre es
    nicht folgerichtig, die sachliche Reichweite des Grund-
    rechts auf freie Meinungsäußerung jeder Relativierung
    durch einfaches Gesetz (und damit zwangsläufig durch
    die Rechtsprechung der die Gesetze auslegenden Ge-
    richte) zu überlassen.

(6) Wenn der Geltungsanspruch des Grundrechts auf freie
    Meinungsäußerung auf den Bereich beschränkt ist, den
    ihm die Gerichte durch ihre Auslegung der »allgemeinen
    Gesetze« noch belassen, dann ist die sachliche Reich-
    weite des Grundrechts auf freie Meinungsäußerung jeder
    Relativierung durch einfaches Gesetz (und damit zwangs-
    läufig durch die Rechtsprechung der die Gesetze aus-
    legenden Gerichte) überlassen.

(7) Die Interpretation eines Verfassungsabschnitts ist nur
    dann die beste verfassungsrechtliche Interpretation,
    wenn all ihre Implikationen vom Standpunkt des gesamten
    Verfassungssystems aus folgerichtig sind.
----

(8) Es ist keineswegs die beste verfassungsrechtliche In-
    terpretation von Artikel 5 Absatz 2, dass der Geltungs-
    anspruch des Grundrechts auf freie Meinungsäußerung auf
    den Bereich beschränkt ist, den ihm die Gerichte durch
    ihre Auslegung der »allgemeinen Gesetze« noch belassen.
    -> <Keine Wirkung außerhalb der Schranken>

Die Wechselwirkungslehre (der gemäß die allgemeinen Gesetze das
Grundrecht auf Meinungsfreiheit beschränken, ihrerseits aber im Lichte
dieses Grundrechts ausgelegt werden müssen) geht hier nicht als Prämisse in die rekonstruierte Begründung ein. Vielmehr folgt die These der
Wechselwirkung – und insbesondere auch der Grundsatz GS5 – gewisser-
maßen beiläufig aus den vom BVerfG akzeptierten Prämissen.

Die Überlegungen aus dem Abschnitt ¶ 31 geben uns als Interpretinnen
und Interpreten scheinbar keine großen Rätsel auf. Sie lassen sich als
Argument <Kein freiheitlich-rechtlicher Staat ohne Meinungs-
freiheit> zugunsten der These [Bedeutung Meinungsfreiheit] interpretieren:

Das Grundrecht auf freie Meinungsäußerung ist als unmittelbarster Ausdruck der
menschlichen Persönlichkeit in der Gesellschaft eines der vornehmsten Men-
schenrechte überhaupt (un des droits les plus précieux de l'homme nach Artikel
11 der Erklärung der Menschen- und Bürgerrechte von 1789). Für eine freiheit-
lich-demokratische Staatsordnung ist es schlechthin konstituierend, denn es er-
möglicht erst die ständige geistige Auseinandersetzung, den Kampf der Meinungen, der ihr Lebenselement ist (BVerfGE 5, 85 [205]). Es ist in gewissem Sinn die
Grundlage jeder Freiheit überhaupt, »the matrix, the indispensable condition of
nearly every other form of freedom« (Cardozo). (¶ 31)

Aus Platzgründen führen wir die Detailrekonstruktion hier nicht aus.
Stattdessen sei auf eine weitere Deutung der Überlegungen aus ¶¶ 31–32

aufmerksam gemacht, die an die spezielle Formulierung des Grundsatzes GS5 anknüpft. GS5 mahnt an, dass die Auslegung der allgemeinen Gesetze die »besondere Bedeutung des Grundrechts der freien Meinungsäußerung« widerspiegeln muss. Das ist eine Überlegung, die ganz auf der Linie des Arguments <Besonders starke Grundrechte-Einwirkung> liegt und zu folgender Modifikation desselben führt:

Tafel 3.24

```
<Besonders starke Grundrechte-Einwirkung>
(1) ...
    <+ <Verwandtschaft bürgerliches und öffentliches
       Recht>
(2) ...
    <+ <Generalklauseln als Einbruchstellen>
(3) [Bedeutung Meinungsfreiheit]
(4) Eine zivilrechtliche Vorschrift, die eine funktionale
    Analogie zu Vorschriften des öffentlichen Rechts auf-
    weist und auf Maßstäbe verweist, welche u. a. in der
    Verfassung artikuliert sind, ist ihrerseits in ganz be-
    sonders hohem Maße durch diejenigen Grundrechte beein-
    flusst, *die Güter von grundlegender Bedeutung für den
    freiheitlich-demokratischen Staat schützen*.
----
(5) »Allgemeine Gesetze« (nach Art. 5 Abs. 2 GG) bürgerlich-
    rechtlicher Art, die zwingendes Recht sowie General-
    klauseln enthalten, sind durch das Grundrecht auf Mei-
    nungsfreiheit in ganz besonders hohem Maße beeinflusst.
    +> <Zentrale Entscheidungsbegründung>
```

Die besondere Bedeutung der Meinungsfreiheit für den freiheitlich-demokratischen Staat führt so zu einer weiteren Entfaltung (s. Kap. 3.1) der allgemeinen Normen, mit denen das BVerfG seine Entscheidung rechtfertigt.

3.5 | Rekonstruktion eines zweiten Einwands mit Erwiderung und Entfaltung des zentralen Argumentationsstrangs

Abschnitt B.II.3 besteht aus vier Absätzen (¶¶ 34–37), deren argumentatives Zusammenspiel auf den ersten Blick nur schwer nachvollziehbar ist. ¶ 34 erläutert den Begriff des allgemeinen Gesetzes; ¶ 35 kündigt sich daraus ergebende Konsequenzen an; ¶ 36 argumentiert, dass in erster Linie die Äußerung von Werturteilen durch das Grundrecht auf Meinungsfreiheit geschützt ist; ¶ 37 stellt dann klar, dass die Meinungsfreiheit nicht immer Vorrang vor gesetzlich geschützten Rechtsgütern genießt.

Interpretieren wir diesen Abschnitt im Lichte der bisherigen Rekonstruktion, so lassen sich wohl am ehesten die Ausführungen zum besonderen Schutz der Äußerung von Werturteilen als weiterer Beitrag zur Argumentation verstehen; die Schutzwürdigkeit von Werturteilen hebt auch Grundsatz GS6 hervor. Unser Interpretationsansatz ist es, diese Überlegungen als weitere Entfaltung der allgemeinen Normen, die in die Entscheidungsbegründung eingehen, anzusehen.

[...] Der Sinn einer Meinungsäußerung ist es gerade, »geistige Wirkung auf die Umwelt« ausgehen zu lassen, »meinungsbildend und überzeugend auf die Gesamtheit zu wirken« (Häntzschel, HdbDStR II, S. 655). Deshalb sind Werturteile, die immer eine geistige Wirkung erzielen, nämlich andere überzeugen wollen, vom Grundrecht des Art. 5 Abs. 1 Satz 1 GG geschützt; ja der Schutz des Grundrechts bezieht sich in erster Linie auf die im Werturteil zum Ausdruck kommende eigene Stellungnahme des Redenden, durch die er auf andere wirken will. Eine Trennung zwischen (geschützter) Äußerung und (nicht geschützter) Wirkung der Äußerung wäre sinnwidrig. (¶ 36)

Der Interpretationsansatz lässt sich umsetzen, indem erstens das Argument <Besonders starke Grundrechte-Einwirkung> abermals ergänzt wird. Dabei reformulieren wir dessen Aussagen so, dass ihre logisch-semantische Form von vornherein transparent wird:

```
<Besonders starke Grundrechte-Einwirkung>                    Tafel 3.25
(1)  ...
     <- <Verwandtschaft bürgerliches und öffentliches
        Recht>
(2)  ...
     <+ <Generalklauseln als Einbruchstellen>
(3)  [Bedeutung Meinungsfreiheit]
(4)  *Für jedes Urteil gilt: Das Grundrecht auf Meinungs-
     freiheit schützt Güter, die im zu beurteilenden Fall
     besonders schutzwürdig sind, wenn es im zu beurteilen-
     den Fall die Äußerung von Werturteilen und die damit
     intendierte Wirkung schützt*.
(5)  Für alle Urteile und darin anzuwendenden zivilrecht-
     lichen Vorschriften sowie für jedes Grundrecht gilt:
     Wenn
     (a) die zivilrechtliche Vorschrift eine funktionale
         Analogie zu Vorschriften des öffentlichen Rechts
         aufweist,
     (b) sie auf Maßstäbe verweist, welche u.a. in der Ver-
         fassung artikuliert sind,
     (c) das Grundrecht Güter schützt, welche von grund-
         legender Bedeutung für den freiheitlich-demokrati-
         schen Staat sind, und
     (d) *diese Güter im zu beurteilenden Fall besonders
         schutzwürdig sind*,
     dann wird die zivilrechtliche Vorschrift ihrerseits in
     ganz besonders hohem Maße durch das Grundrecht beein-
     flusst.
----
```

```
(6) Für alle Urteile und darin anzuwendenden zivilrecht-
    lichen Vorschriften gilt: Wenn
    (a) diese Vorschrift als »allgemeines Gesetz« (nach
        Art. 5 Abs. 2 GG) fungiert,
    (b) sie zwingendes Recht sowie Generalklauseln enthält
        und
    (c) *das Recht auf Meinungsfreiheit im zu beurteilenden
        Fall die Äußerung von Werturteilen und die damit
        intendierte Wirkung schützt*,
    dann wird die zivilrechtliche Vorschrift durch das
    Grundrecht auf Meinungsfreiheit in ganz besonders hohem
    Maße beeinflusst.
    +> <Zentrale Entscheidungsbegründung>
```

In der <zentralen Entscheidungsbegründung> müssen wir dementsprechend Prämisse (2) anpassen sowie eine weitere Prämisse ergänzen.

Tafel 3.26
```
             <Zentrale Entscheidungsbegründung>
(1) ...
(2) Für alle Urteile und darin anzuwendenden zivilrecht-
    lichen Vorschriften gilt: Wenn
    (a) diese Vorschrift als »allgemeines Gesetz« (nach
        Art. 5 Abs. 2 GG) fungiert,
    (b) sie zwingendes Recht sowie Generalklauseln enthält
        und
    (c) *das Recht auf Meinungsfreiheit im zu beurteilenden
        Fall die Äußerung von Werturteilen und die damit
        intendierte Wirkung schützt*,
    dann wird die zivilrechtliche Vorschrift durch das
    Grundrecht auf Meinungsfreiheit in ganz besonders hohem
    Maße beeinflusst.
    <+ <Besonders starke Grundrechte-Einwirkung>
----
(3) ...
(4) *Im konkreten Fall des Urteils des Landgerichts Hamburg
    schützt das Recht auf Meinungsfreiheit die Äußerung von
    Werturteilen und die damit intendierte Wirkung.*
(5) ...
```

Mit den Modifikationen der Argumente <Zentrale Entscheidungs-
begründung> und <Besonders starke Grundrechte-Einwirkung> ist
der Absatz aber höchstens rudimentär eingefangen. Der einleitende Satz
von ¶ 36 gibt uns einen weiteren Hinweis zu dessen argumentativer Funktion.

Die Auffassung, daß nur das Äußern einer Meinung grundrechtlich geschützt sei,
nicht die darin liegende oder damit bezweckte Wirkung auf andere, ist abzuleh-
nen. Der Sinn einer Meinungsäußerung ist es gerade [...] (¶ 36)

Die Auffassung, die das BVerfG hier ablehnt, hätte – vereinfacht gesagt – zur Folge, dass Lüth zwar seine Boykottaufrufe während eines einsamen Waldspaziergangs, nicht aber vor laufenden Kameras verkünden dürfte. Eine solche enge Auslegung der Meinungsfreiheit würde sich direkt gegen die zuletzt ergänzte Prämisse (4) in <Zentrale Entscheidungsbegründung> richten.

<Intendierte Wirkung nicht durch Grundrecht geschützt>   Tafel 3.27
(1) [Enge Auslegung Meinungsfreiheit]: Das Grundrecht auf
    Meinungsfreiheit schützt nur die Äußerung einer Meinung
    im engeren Sinne, nicht die damit intendierte Wirkung.
----
(2) Es ist falsch, dass im konkreten Fall des Urteils des
    Landgerichts Hamburg das Recht auf Meinungsfreiheit die
    Äußerung von Werturteilen und die damit intendierte
    Wirkung schützt.
    -> <Zentrale Entscheidungsbegründung>

Absatz ¶36 lässt sich nun vollständig in eine erste Rekonstruktion überführen:

<Schutz der kollektiven Meinungsbildung>   Tafel 3.28
(1) Der Sinn einer Meinungsäußerung ist es gerade, »geis-
    tige Wirkung auf die Umwelt« ausgehen zu lassen, »mei-
    nungsbildend und überzeugend auf die Gesamtheit zu wir-
    ken« (Häntzschel, HdbDStR II, S. 655).
----
(2) Deshalb sind Werturteile, die immer eine geistige Wir-
    kung erzielen, nämlich andere überzeugen wollen, vom
    Grundrecht des Art. 5 Abs.1 Satz 1 GG geschützt.
----
(3) Der Schutz des Grundrechts bezieht sich in erster Linie
    auf die im Werturteil zum Ausdruck kommende eigene
    Stellungnahme des Redenden, durch die er auf andere
    wirken will.
----
(4) Eine Trennung zwischen (geschützter) Äußerung und
    (nicht geschützter) Wirkung der Äußerung wäre sinnwid-
    rig.
    -> [Enge Auslegung Meinungsfreiheit]

Die Teilschlüsse dieser ersten Skizze lassen sich jedoch nicht plausibel vervollständigen. Stattdessen stellen wir das Argument um. Aus (1) folgt per Schluss auf die beste Interpretation, dass sich der Grundrechtsschutz auf Äußerung und Wirkung einer Meinung bezieht. Das genügt bereits, um [Enge Auslegung Meinungsfreiheit] zu widerlegen.

Tafel 3.29   \<Schutz der kollektiven Meinungsbildung\>
(1) Der Sinn einer Meinungsäußerung ist es gerade, »geistige Wirkung auf die Umwelt« ausgehen zu lassen, »meinungsbildend und überzeugend auf die Gesamtheit zu wirken« (Häntzschel, HdbDStR II, S. 655).
(2) Das Grundrecht des Art. 5 Abs. 1 Satz 1 GG schützt das Gut »seine Meinung ... frei zu äußern und zu verbreiten«.
(3) Wenn der Sinn einer Meinungsäußerung gerade darin besteht, »geistige Wirkung auf die Umwelt« ausgehen zu lassen, sowie darin, »meinungsbildend und überzeugend auf die Gesamtheit zu wirken«, dann besteht die beste Interpretation eines Grundrechts darauf »seine Meinung ... frei zu äußern und zu verbreiten« genau darin, dass der Schutz dieses Grundrechts sich sowohl auf die Äußerung im engeren Sinne als auch auf die intendierte Wirkung der Meinungsäußerung bezieht.

--

Schluss auf die beste Interpretation

--

(4) Der Schutz des Grundrechts auf Meinungsfreiheit bezieht sich sowohl auf die Äußerung im engeren Sinne als auch auf die intendierte Wirkung der Meinungsäußerung.
-> [Enge Auslegung Meinungsfreiheit]

Die Rekonstruktion berücksichtigt nun aber nicht mehr die Ausführungen zu Werturteilen in ¶ 36. Diese können wir indes als ein zweites, unabhängiges Argument gegen [Enge Auslegung Meinungsfreiheit] deuten.

Tafel 3.30   \<Wirkung wesentlich für Werturteile\>
(1) Die Äußerung von Werturteilen ist vom Grundrecht des Art. 5 Abs. 1 Satz 1 GG geschützt.
(2) Es gehört wesentlich zur Äußerung eines Werturteils, dass sie auf eine geistige Wirkung, nämlich darauf, andere zu überzeugen und meinungsbildend zu sein, abzielt.
(3) Der Grundrechtsschutz eines Gutes umfasst alle wesentlichen Bestandteile des Gutes.

----

(4) Der Schutz des Grundrechts auf Meinungsfreiheit bezieht sich sowohl auf die Äußerung eines Werturteils als auch auf die damit intendierte geistige Wirkung.

----

(5) Es ist falsch, dass das Grundrecht auf Meinungsfreiheit nur die Äußerung einer Meinung im engeren Sinne schützt, nicht die damit intendierte Wirkung.
-> [Enge Auslegung Meinungsfreiheit]

Absatz ¶ 36 hält in dieser Interpretation also zwei Argumente zur Entkräftung der These [Enge Auslegung Meinungsfreiheit] parat. Bevor wir nun weiter zum Abschnitt B.II.4 gehen betrachten wir noch ¶ 34, in dem der Begriff des allgemeinen Gesetzes erörtert wird. Dabei werden als »allgemeine Gesetze« alle Gesetze verstanden,

die »nicht eine Meinung als solche verbieten, die sich nicht gegen die Äußerung der Meinung als solche richten«, die vielmehr »dem Schutze eines schlechthin, ohne Rücksicht auf eine bestimmte Meinung, zu schützenden Rechtsguts dienen«, dem Schutze eines Gemeinschaftswerts, der gegenüber der Betätigung der Meinungsfreiheit den Vorrang hat [...]. (¶ 34)

Hier stellt sich eine in der Argumentationsanalyse häufig auftretende Frage: Was trägt die Begriffsklärung zur Begründung bei? Grundsätzlich kann ein erster Beitrag einer Begriffsklärung darin bestehen, Prämissen soweit verständlich zu machen, dass sie überhaupt auf Plausibilität hin geprüft werden *können*. Es gibt aber in der gesamten bisher analysierten Argumentation nur eine Aussage, in der der Begriff des allgemeinen Gesetzes wesentlich vorkommt, nämlich die folgende Prämisse in <Zentrale Entscheidungsbegründung>:

[Allgemeine Gesetze im LGUrteil]: Das Urteil des Landgerichts Hamburg ist ein Urteil eines Zivilrichters, in dem »allgemeine Gesetze« bürgerlich-rechtlicher Art (nämlich § 826 BGB), die zwingendes Recht sowie Generalklauseln enthalten, anzuwenden sind.

Und diese Prämisse scheint bisher nicht strittig zu sein.

Welche Funktion hat die Begriffsklärung dann? In ¶ 35 behauptet das BVerfG ausdrücklich, ¶ 34 hätte eine Begründungsfunktion und würde die Argumente in ¶ 36 stützen: »Wird der Begriff ›allgemeine Gesetze‹ so verstanden, dann ergibt sich zusammenfassend als Sinn des Grundrechtsschutzes: [...]«. Nehmen wir diesen Hinweis ernst, so ließe sich vielleicht folgender argumentativer Zusammenhang aufmachen: Die allgemeinen Gesetze richten sich nicht gegen *die Äußerung* einer Meinung als solche, sondern schützen ein Gut, das durch *die Wirkung* der Meinungsäußerung beeinträchtigt ist. Solche Gesetze könnten das Grundrecht auf Meinungsfreiheit aber gar nicht einschränken, wenn sich dieses Recht nicht auf die Wirkung der Meinungsäußerung erstreckte. Diesen Kerngedanken können wir nun wie folgt rekonstruieren:

<Bedeutung der allgemeinen Gesetze>   Tafel 3.31
(1) Die allgemeinen Gesetze richten sich nicht gegen *die Äußerung* einer Meinung als solche, sondern schützen einen Gemeinschaftswert, der durch *die Wirkung* der Meinungsäußerung beeinträchtigt ist.
(2) Eine Norm N1, die ein bestimmtes Rechtsgut R schützt, kann eine Norm N2 nur dann einschränken, wenn in den Schutzbereich von N2 auch potentielle Beeinträchtigungen des Rechtsguts R fallen.

```
(3) Allgemeine Gesetze können das Grundrecht auf Meinungs-
    freiheit gar nicht einschränken, wenn sich der Schutz
    dieses Grundrechts nicht auf die Wirkung der Meinungs-
    äußerung erstreckt.
(4) Allgemeine Gesetze können das Grundrecht auf Meinungs-
    freiheit einschränken (Art. 5 Abs. 2 GG).
----
(5) Der Schutz des Grundrechts auf Meinungsfreiheit er-
    streckt sich auf die Wirkung der Meinungsäußerung.
----
(6) Es ist falsch, dass das Grundrecht auf Meinungsfreiheit
    nur die Äußerung einer Meinung im engeren Sinne
    schützt, nicht die damit intendierte Wirkung.
    -> [Enge Auslegung Meinungsfreiheit]
```

Demnach ergibt sich ein drittes Argument gegen [Enge Auslegung Mei-
nungsfreiheit]. Ob dabei die entscheidende allgemeine Prämisse (2)
rechtstheoretisch haltbar ist, müssen wir an dieser Stelle offen lassen.

3.6 | Skizze eines dritten und vierten Einwands mit Erwiderungen

Abschnitt B.II.4 schließt den allgemeinen Teil der Entscheidungsbegründung ab. Hier wird in zwei Absätzen die Frage diskutiert, ob »auch Normen des bürgerlichen Rechts als ›allgemeine Gesetze‹ im Sinne des Art. 5
Abs. 2 GG anzuerkennen« (¶ 38) sind. Das BVerfG bejaht diese Frage und
vertritt die Auffassung, dass das Grundrecht auf Meinungsfreiheit auch
durch privatrechtliche Vorschriften, die als »allgemeine Gesetze« im Sinne
des Art. 5 Abs. 2 GG fungieren, eingeschränkt werden kann:

[Allgemeine Gesetze privatrechtlicher Art]: Normen des bürgerlichen Rechts sind als »allgemeine Gesetze« im Sinne des
Art. 5 Abs. 2 GG anzuerkennen.

Diese These, die bereits Grundsatz GS4 formuliert, liegt der bisher rekonstruierten Argumentation als Annahme zugrunde. Doch die These geht
dabei nicht als Prämisse in die Argumentation ein. Auch lässt sich ausgehend von dieser These kein neues Argument konstruieren, das eine
bisher identifizierte Prämisse stützt. Vielmehr ist die These [Allgemeine
Gesetze privatrechtlicher Art] eine *notwendige Bedingung* bereits
verwendeter Prämissen, insbesondere der folgenden Prämisse in <Zen-
trale Entscheidungsbegründung>:

[Allgemeine Gesetze im LGUrteil]: Das Urteil des Landgerichts
Hamburg ist ein Urteil eines Zivilrichters, in dem »allgemeine Gesetze« bürgerlich-rechtlicher Art (nämlich § 826
BGB), die zwingendes Recht sowie Generalklauseln enthalten,
anzuwenden sind.

Zwar wird von »allgemeinen Gesetzen« bürgerlich-rechtlicher Art auch in vielen weiteren Prämissen gesprochen (s. etwa <Besonders starke Grundrechte-Einwirkung>). Doch sind die entsprechenden Aussagen allquantifizierte Subjunktionen, die nicht deshalb falsch werden, weil es keinen Gegenstand gibt, der die jeweiligen Antezedensbedingungen erfüllt. Deshalb liegt [Allgemeine Gesetze privatrechtlicher Art] jenen Aussagen nicht als notwendige Bedingung zu Grunde.

In B.II.4 begründet das BVerfG [Allgemeine Gesetze privatrechtlicher Art] und verteidigt diese These gegen zwei Einwände (darunter ein Einwand des Beschwerdeführers Lüth). Die Makrostruktur stellt sich wie folgt dar (Kerngedanken sind nahezu wörtliche Zitate):

[Aufhebung und Zurückweisung]   Tafel 3.32
    <+ <Zentrale Entscheidungsbegründung>
        <+ [Allgemeine Gesetze im LGUrteil]
            /* notwendige Bedingung der zuvor genannten These:
            */
            +> [Allgemeine Gesetze privatrechtlicher Art] /*
                (GS4) */
                <- <Experten-Argument>: In der rechtswissen-
                    schaftlichen Literatur werden Normen des bür-
                    gerlichen Rechts bisher nicht als »allgemeine
                    Gesetze« im Sinne des Art. 5 Abs. 2 GG an-
                    erkennt. (¶ 38)
                    <- <Falsche Voraussetzung der Literatur>: In
                        der Literatur hat man die Grundrechte bis-
                        her – und entgegen der hier vertretenen
                        These der @[Grundrechte als objektive Wert-
                        ordnung] – lediglich in ihrer Wirkung zwi-
                        schen Bürger und Staat gesehen, so dass
                        folgerichtig als einschränkende allgemeine
                        Gesetze nur solche in Betracht kamen, die
                        staatliches Handeln gegenüber dem Einzelnen
                        regeln, also Gesetze öffentlich-rechtlichen
                        Charakters. (¶ 38)
                <+ <Symmetrie-Argument>: Wenn aber das Grund-
                    recht der freien Meinungsäußerung auch in den
                    Privatrechtsverkehr hineinwirkt und sein Ge-
                    wicht sich hier zugunsten der Zulässigkeit
                    einer Meinungsäußerung auch dem einzelnen
                    Mitbürger gegenüber geltend macht, so muss
                    auf der anderen Seite auch die das Grundrecht
                    unter Umständen beschränkende Gegenwirkung
                    einer privatrechtlichen Norm, soweit sie hö-
                    here Rechtsgüter zu schützen bestimmt ist,
                    beachtet werden. (¶ 38)
                    <+ <Sinn der Bindung der Rechtsprechung an
                        Grundrechte>

    `<- <Gefährdung der Diskursfreiheit>`: Durch eine zivilrechtliche Beschränkung der Redefreiheit könnte einem Einzelnen gegenüber die Gefahr heraufgeführt werden, der Bürger werde in der Möglichkeit, durch seine Meinung in der Öffentlichkeit zu wirken, allzusehr beengt und die unerlässliche Freiheit der öffentlichen Erörterung gemeinschaftswichtiger Fragen sei nicht mehr gewährleistet. (¶ 39)

      `<- <Sicherung Diskursfreiheit durch Drittwirkung>`: Um der Gefährdung der Diskursfreiheit durch zivilrechtliche Beschränkung der Redefreiheit zu begegnen, ist es nicht erforderlich, das bürgerliche Recht aus der Reihe der allgemeinen Gesetze schlechthin auszuscheiden. Es muss nur auch hier der freiheitliche Gehalt des auf das Zivilrecht einwirkenden Grundrechts entschieden festgehalten werden. (¶ 39)

        `<+ <Besonders starke Grundrechte-Einwirkung>`

Aus Platzgründen rekonstruieren wir auch die hier skizzierten Argumente nicht im Detail, sondern machen uns vielmehr die ›Makrologik‹ der Argumentation klar. Wer eine notwendige Bedingung einer Prämisse verneint, der ist darauf festgelegt, auch die Prämisse selbst zu verneinen. Deshalb kann es – je nach dialektischer Situation – zweckmäßig sein, die notwendige Bedingung einer akzeptierten Prämisse zu begründen, auch wenn damit weniger als die Prämisse selbst gezeigt wird. Das gilt erst recht dann, wenn die notwendige Bedingung offen angezweifelt wird, wie in unserem Fall. Daher ist es völlig einsichtig, dass das BVerfG mit dem `<Symmetrie-Argument>` für `[Allgemeine Gesetze privatrechtlicher Art]` argumentiert und diese These gegen die vorgebrachten Einwände verteidigt.

Weniger einsichtig ist es, warum der Beschwerdeführer Lüth *gegen* die These `[Allgemeine Gesetze privatrechtlicher Art]` (mit `<Gefährdung der Diskursfreiheit>`) vorgeht und damit die Begründung der Entscheidung, die zu seinen Gunsten ausfällt, angreift. Erstens muss man hier jedoch die zeitliche Abfolge beachten. Die Verfassungsbeschwerde Lüths ist abgefasst worden lange bevor das BVerfG seine Entscheidung traf und begründete. Zweitens ergäbe sich aus der Negation von `[Allgemeine Gesetze privatrechtlicher Art]` eine alternative Begründung dafür, dass das Landgerichtsurteil Lüths Grundrecht auf Meinungsfreiheit verletzt, denn, so könnte dann argumentiert werden, dieses Grundrecht werde gar nicht durch bürgerliches Recht eingeschränkt. Insofern ist es durchaus nachvollziehbar, warum es sich bei `<Gefährdung der Diskursfreiheit>` um einen Einwand Lüths handelt.

3.7 | Zusammenfassung der Analyse

Verschaffen wir uns abschließend nochmals einen Überblick der rekonstruierten Begründung der BVerfG-Entscheidung im Lüth-Urteil.

```
[Aufhebung und Zurückweisung]
  /* Entscheidungsbegründung aus B.II.1, */
  /* teils im weiteren Verlauf entfaltet */
  <+ <Zentrale Entscheidungsbegründung>
     <+ <Sinn der Bindung der Rechtsprechung an Grund-
        rechte>                             /* +>(GS3) */
        <+ [Bindung an Grundrechte (Art. 1, Abs.3 GG)]
        <+ [Grundrechte als objektive Wertord-
           nung]                            /* (GS1) */
     <+ <Besonders starke Grundrechte-Einwirkung>
        <+ <Verwandtschaft bürgerliches und öffentliches
           Recht>                           /* <+(GS2) */
        <+ <Generalklauseln als Einbruchstel-
           len>                             /* <+(GS2) */
        <+ [Bedeutung Meinungsfreiheit]
  /* Einwand aus B.II.2 und Entkräftung */
     <- <Keine Wirkung außerhalb der Schranken>
        <- <Keine folgerichtige Interpretation des Verfas-
           sungssystems>
        <+ [Bedeutung Meinungsfreiheit]
  /* Einwand aus B.II.3 und Entkräftung */
     <- <Intendierte Wirkung nicht durch Grundrecht ge-
        schützt>
        <+ [Enge Auslegung Meinungsfreiheit]
           <- <Schutz der kollektiven Meinungsbildung>
                                            /* +>(GS6) */
           <- <Wirkung wesentlich für Wert-
              urteile>                      /* +>(GS6) */
           <- <Bedeutung der allgemeinen Ge-
              setze>                        /* +>(GS6) */
  /* Einwände aus B.II.4 und Entkräftung */
     <+ [Allgemeine Gesetze im LGUrteil]
        +> [Allgemeine Gesetze privatrechtlicher Art]
                                            /* (GS4) */
           <- <Experten-Argument>
              <- <Falsche Voraussetzung der Literatur>
           <+ <Symmetrie-Argument>
           <- <Gefährdung der Diskursfreiheit>
              <- <Sicherung Diskursfreiheit durch Drittwir-
                 kung>
                 <+ <Besonders starke Grundrechte-Einwirkung>
```

Tafel 3.33

Die <Zentrale Entscheidungsbegründung> haben wir immer und immer wieder im Lichte weiterer Textstellen überarbeitet. Die finale Fassung berücksichtigt die zahlreichen Norm-Entfaltungen, die das BVerfG im Laufe seiner Urteilsbegründung vornimmt:

Tafel 3.34   <Zentrale Entscheidungsbegründung>

(1) Für alle Urteile, jedes Grundrecht und alle Vorschriften des bürgerlichen Rechts gilt: Der Zivilrichter verletzt durch sein Urteil das jeweilige Grundrecht, wenn er nicht prüft, ob die von ihm anzuwendenden Vorschriften des bürgerlichen Rechts durch das Grundrecht beeinflusst sind oder – sollte dies bejaht werden – bei Auslegung und Anwendung dieser Vorschriften die sich hieraus ergebende Modifikation des Privatrechts nicht vollumfänglich beachtet.
    <+ <Sinn der Bindung der Rechtsprechung an Grundrechte>

(2) Für jede zivilrechtliche Vorschrift gilt: Wenn diese Vorschrift als »allgemeines Gesetz« (nach Art. 5 Abs. 2 GG) fungiert, sie zwingendes Recht sowie Generalklauseln enthält und das Recht auf Meinungsfreiheit im zu beurteilenden Fall die Äußerung von Werturteilen und die damit intendierte Wirkung schützt, dann wird die zivilrechtliche Vorschrift durch das Grundrecht auf Meinungsfreiheit in ganz besonders hohem Maße beeinflusst.
    <+ <Besonders starke Grundrechte-Einwirkung>
    ----

(3) Der Zivilrichter verletzt durch sein Urteil das Grundrecht auf Meinungsfreiheit, wenn (a) das Grundrecht auf Meinungsfreiheit im zu beurteilenden Fall die Äußerung von Werturteilen und die damit intendierte Wirkung schützt und wenn er (b) bei Auslegung und Anwendung der »allgemeinen Gesetze« bürgerlich-rechtlicher Art, die zwingendes Recht sowie Generalklauseln enthalten, (c) nicht vollumfänglich beachtet, wie das Grundrecht die privatrechtliche Norm in ganz besonders hohem Maße modifiziert.

(4) Im zu beurteilenden Fall des Landgerichts Hamburg schützt das Grundrecht auf Meinungsfreiheit die Äußerung von Werturteilen und die damit intendierte Wirkung.

(5) [Allgemeine Gesetze im LGUrteil]: Das Urteil des Landgerichts Hamburg ist ein Urteil eines Zivilrichters, in dem »allgemeine Gesetze« bürgerlich-rechtlicher Art (nämlich § 826 BGB), die zwingendes Recht sowie Generalklauseln enthalten, anzuwenden sind.

(6) Das Landgericht Hamburg hat bei Auslegung und Anwendung der »allgemeinen Gesetze« nicht vollumfänglich beachtet, wie das Grundrecht auf Meinungsfreiheit die privatrechtliche Norm in besonders hohem Maße modifiziert.

----

(7) Das Landgericht verletzt durch sein Urteil das Grundrecht auf Meinungsfreiheit.

(8) Verletzt ein Urteil ein Grundrecht, so wird das Urteil aufgehoben und die Sache wird an das urteilende Gericht zurückverwiesen.

----

(9) [Aufhebung und Zurückweisung]: Das Urteil des Landgerichts wird aufgehoben und die Sache wird an das Landgericht Hamburg zurückverwiesen.

Fragen zum Weitermachen

1. Wie muss Prämisse (1) in Tafel 3.5 interpretiert werden, so dass die Konklusion mit der ergänzten Prämisse folgt? Wie lautet die logisch-semantische Form von Prämisse (1)?

2. Beim Schritt von Tafel 3.2 zu Tafel 3.3 in der Rekonstruktion der zentralen Entscheidungsbegründung werden, im Bild des hermeneutischen Kleeblatts, nicht nur eine, sondern viele Schlaufen durchlaufen. Welche Schlaufen sind das? Wie werden die verschiedenen Rekonstruktionskriterien dabei ausgelegt und angewendet? Welche einzelnen Modifikationen ergeben sich daraus jeweils?

3. In der vorläufigen »Reko 1« wird der Fehler des Landgerichts darin gesehen, dass es die Bedeutung des Grundrechts »unrichtig abgewogen« hat (s. Prämisse (2) in Tafel 3.3). Dafür, dass das BVerfG dem Landgericht eine fehlerhafte Abwägung vorwirft, sprechen verschiedene Textpassagen (etwa ¶ 40, ¶ 37). In der finalen Rekonstruktion ist von einer fehlerhaften Abwägung aber nirgends mehr die Rede. In welcher Weise ließe sich unsere Rekonstruktion modifizieren und ergänzen, um den Aspekt der fehlerhaften Abwägung explizit einzufangen?

4. Wie müssen die Prämisse (1) und die Konklusion in <Verwandtschaft bürgerliches und öffentliches Recht> lauten, nachdem die Prämisse (2) in <Zentrale Entscheidungsbegründung> wie folgt geändert wird (s. Tafel 3.16)?

(2) »Allgemeine Gesetze« (nach Art. 5 Abs. 2 GG) bürgerlich-rechtlicher Art, die zwingendes Recht *sowie
Generalklauseln* enthalten, sind durch das Grundrecht auf Meinungsfreiheit in besonders hohem Maße
beeinflusst.
<+ <Verwandtschaft bürgerliches und öffentliches
Recht>
<+ <Generalklauseln als Einbruchstellen>

5. Im Anschluss an unsere Analyse des Arguments <Keine folgerichtige Interpretation des Verfassungssystems> bemerken wir,
dass sich die These der Wechselwirkung und insbesondere der
Grundsatzes GS5 als »Korollar« aus der Urteilsbegründung und -ver-
teidigung ergibt. Wie lässt sich das Argument zugunsten GS5 detailliert rekonstruieren? Welche Prämissen von <Keine folgerichtige
Interpretation des Verfassungssystems> gehen in jenes Argument ein? Welche weiteren Prämissen müssen ggf. ergänzt werden?

6. ¶31 kann als Argument <Kein freiheitlich-rechtlicher Staat
ohne Meinungsfreiheit> zugunsten der These [Bedeutung Mei-
nungsfreiheit] rekonstruiert werden. Wie lauten die Prämissen
dieses Arguments?

7. Im Zuge der Analyse von <Schutz der kollektiven Meinungs-
bildung> wird behauptet, in dem Argument in Tafel 3.28 ließen sich
keine plausiblen Prämissen ergänzen, so dass die Teilschlüsse deduktiv gültig werden. Ist das richtig, und – wenn ja – warum? Welche
Prämissen kämen als Kandidaten hierfür in Frage? Hängt die Diagnose wesentlich davon ab, ob man »Plausibilität« exegetisch oder
systematisch ausdeutet?

8. Welche Indizien im Text sprechen dafür, dass in ¶36 die Prämisse (4)
<Besonders starke Grundrechte-Einwirkung> (s. Tafel 3.25) ge-
stützt wird? Lässt sich ¶36 wohlwollend als ein entsprechendes Argument rekonstruieren?

9. Lassen sich durch Detailrekonstruktion der einzelnen Argumente die
in Tafel 3.32 nur skizzierten dialektischen Beziehungen bestätigen?

10. Einige seiner zentralen Thesen formuliert das BVerfG ausdrücklich als
»Kann«-Aussagen, z. B.:
– »Der Zivilrichter kann durch sein Urteil Grundrechte verletzen (§ 90
BVerfGG), wenn er die Einwirkung der Grundrechte auf das bürgerliche
Recht verkennt.« (GS3)
– »Das Urteil des Landgerichts [...] kann durch seinen Inhalt ein Grund-
recht des Beschwerdeführers nur verletzen, wenn dieses Grundrecht
bei der Urteilsfindung zu beachten war.« (¶21)
– »Eine unrichtige Abwägung kann das Grundrecht verletzen und so die
Verfassungsbeschwerde zum Bundesverfassungsgericht begründen.«
(¶40)

Im Zuge unserer Rekonstruktion haben wir über solche »Kann«-Formulierungen stillschweigend hinweggesehen. Ist diese implizite Interpretationsentscheidung rückblickend gerechtfertigt? Insbesondere stellen sich folgende Fragen: In welcher inferentiell-argumentativen Beziehung steht die These, dass das Urteil des Landgerichts [...] ein Grundrecht des Beschwerdeführers verletzen *kann*, zur Entscheidungsformel? Und, angenommen der Nachweis, dass im fraglichen Fall überhaupt ein Grundrecht verletzt sein *kann*, gehört aus verfahrenstechnischen Gründen (die sich aus § 90 BVerfGG ergeben) zu einer Entscheidungsbegründung des BVerfG: Wie lässt sich ein solcher Nachweis als Argument rekonstruieren, das weitestgehend von den bisher rekonstruierten Argumenten (deren Konklusionen und Prämissen) ausgeht?

11. Handelt es sich bei unserer Rekonstruktion der Entscheidungsbegründung des BVerfG insgesamt gesehen um eine Analyse in exegetischer oder in systematischer Absicht (s. Kap. 1)?

12. Lässt sich das finale Argument <Zentrale Entscheidungsbegrün­dung> durch *begriffliche Vereinfachung und Vereinheitlichung* (s. Kap. 1) und entsprechende Reformulierung der Prämissen und Zwischenkonklusionen übersichtlicher darstellen, ohne dass dadurch die Begründung inhaltlich verfälscht wird?

Literatur
Alexy, Robert. 1983. *Theorie der juristischen Argumentation.* Frankfurt a. M.: Suhrkamp.

Stamm, Katja. 2001. »Das Bundesverfassungsgericht und die Meinungsfreiheit«. *Aus Politik und Zeitgeschichte (APuZ)* B 37–38: 16–25.

4 Anhang

4.1 | Liste namentlich verwendeter Schlussmuster

Allgemeines Dilemma

(1) Es ist p_1 der Fall oder es ist p_2 oder ... oder es ist p_n der Fall.
$p_1 \lor p_2 \lor ... \lor p_n$

(2) Wenn p_1 der Fall ist, so auch q.
$p_1 \to q$

... ...

(n) Wenn p_n der Fall ist, so auch q.
$p_n \to q$

(n + 1) Es ist q der Fall.
q

Allspezialisierung

(1) Für alle Gegenstände x gilt: $\varphi(x)$.
$(x): \varphi(x)$

---

(2) Für den Einzelgegenstand a gilt: $\varphi(a)$.
$\varphi(a)$

In folgendem Spezialfall wird mit Allspezialisierung von einer allquantifizierten Subjunktion auf eine Subjunktion geschlossen.

(1) Für alle Gegenstände x gilt: Wenn x die Eigenschaft F besitzt, dann besitzt x die Eigenschaft G.
$(x): F(x) \to G(x)$

---

(2) Wenn Einzelgegenstand a die Eigenschaft F besitzt, so besitzt a die Eigenschaft G.
$F(a) \to G(a)$

Allspezialisierung zweiter Stufe

(1) Für alle Eigenschaften X gilt: $\varphi(X)$.
$(X): \varphi(X)$

---

(2) Für die Eigenschaft F gilt: $\varphi(F)$.
$\varphi(F)$

J. B. Metzler © Springer-Verlag GmbH Deutschland, ein Teil von Springer Nature, 2020
G. Betz, *Argumentationsanalyse*, https://doi.org/10.1007/978-3-476-05124-0_4

Antezedensstärkung (allquantifizierter Subjunktion)

(1) Für alle Gegenstände x gilt: Wenn x die Eigenschaft F besitzt, dann besitzt x die Eigenschaft G.

$(x): F(x) \rightarrow G(x)$

---

(2) Für alle Gegenstände x gilt: Wenn x die Eigenschaften F und F' besitzt, dann besitzt x die Eigenschaft G.

$(x): F(x) \wedge F'(x) \rightarrow G(x)$

Existenzeinführung

(1) Auf den Einzelgegenstand a trifft φ zu.

$\varphi(a)$

---

(2) Es gibt (mindestens) einen Gegenstand, auf den φ zutrifft.

$(Ex): \varphi(x)$

Kettenschluss

(1) Wenn p der Fall ist, so auch q.

$p \rightarrow q$

(2) Wenn q der Fall ist, so auch r.

$q \rightarrow r$

---

(3) Wenn p der Fall ist, so auch r.

$p \rightarrow r$

Konjunktionseinführung

(1) Es ist der Fall ist, dass p.

p

(2) Es ist der Fall ist, dass q.

q

---

(3) Es ist der Fall ist, dass p und q.

$p \wedge q$

Kontraposition

(1) Wenn p der Fall ist, so auch q.

$p \rightarrow q$

---

(2) Wenn q nicht der Fall ist, so ist auch p nicht der Fall.

$\neg q \rightarrow \neg p$

Als »Kontraposition« werden im Buch auch ›Varianten‹ bezeichnet (die sich logisch gesehen aus Kontraposition und der Äquivalenz einer Aussage mit ihrer doppelten Verneinung ergeben), etwa:

(1) Wenn p der Fall ist, so ist q nicht der Fall.

$p \rightarrow \neg q$

---

(2) Wenn q der Fall ist, so ist p nicht der Fall.

$q \rightarrow \neg p$

Modus barbara

(1)   Für alle Gegenstände x gilt: Wenn x die Eigenschaft F besitzt, dann besitzt x die Eigenschaft G.
      $(x): F(x) \rightarrow G(x)$
(2)   Der Einzelgegenstand a besitzt die Eigenschaft F.
      $F(a)$

---

(3)   Der Einzelgegenstand a besitzt die Eigenschaft G.
      $G(a)$

Modus ponens

(1)   Wenn p der Fall ist, so auch q.
      $p \rightarrow q$
(2)   Es ist der Fall, dass p.
      p

---

(3)   Es ist der Fall, dass q.
      q

Modus tollens

(1)   Wenn p der Fall ist, so auch q.
      $p \rightarrow q$
(2)   Es ist nicht der Fall, dass q.
      $\neg q$

---

(3)   Es ist nicht der Fall, dass p.
      $\neg p$

Als »Modus tollens« werden im Buch auch ›Varianten‹ bezeichnet (die sich logisch gesehen aus Modus tollens und der Äquivalenz einer Aussage mit ihrer doppelten Verneinung ergeben), etwa:

(1)   Wenn p nicht der Fall ist, dann gilt q.
      $\neg p \rightarrow q$
(2)   Es ist nicht der Fall, dass q.
      $\neg q$

---

(3)   Es ist der Fall, dass p.
      p

Transitivität allquantifizierter Subjunktion

(1)   Für alle Gegenstände x gilt: Wenn x die Eigenschaft F besitzt, dann besitzt x die Eigenschaft G.
      $(x): F(x) \rightarrow G(x)$
(2)   Für alle Gegenstände x gilt: Wenn x die Eigenschaft G besitzt, dann besitzt x die Eigenschaft H.
      $(x): G(x) \rightarrow H(x)$

---

(3)   Für alle Gegenstände x gilt: Wenn x die Eigenschaft F besitzt, dann besitzt x die Eigenschaft H.
      $(x): F(x) \rightarrow H(x)$

4.2 | Verzeichnis der Rekonstruktionstafeln

Printed in the United States
By Bookmasters